E Gandouin

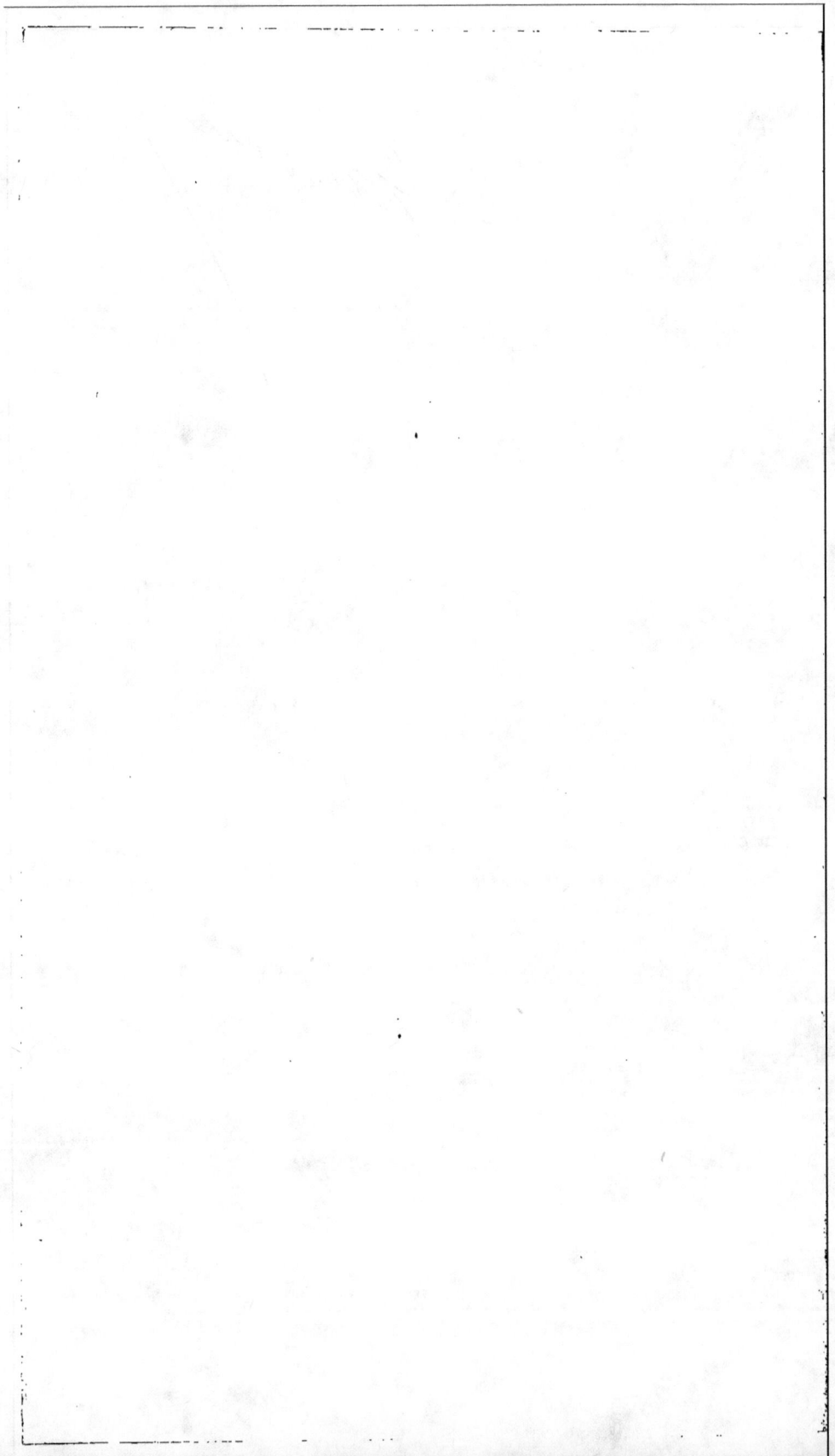

EXPOSITION UNIVERSELLE DE 1867

A PARIS

COMMISSION

DE

L'HISTOIRE DU TRAVAIL

RAPPORT

DE M. E. DU SOMMERARD

Commissaire délégué.

PARIS

IMPRIMERIE ET LIBRAIRIE ADMINISTRATIVES DE PAUL DUPONT

45, RUE DE GRENELLE-SAINT-HONORÉ, 45

—

1867

COMMISSION DE L'HISTOIRE DU TRAVAIL

A L'EXPOSITION UNIVERSELLE DE 1867

MEMBRES DE LA COMMISSION :

Le comte DE NIEUWERKERKE, sénateur, surintendant des Beaux-Arts, président de la Commission impériale des Monuments historiques de France. — Président;

Le marquis DE LABORDE, directeur général des Archives de l'Empire, membre de la Commission impériale des Monuments historiques de France ;

DE LONGPÉRIER, conservateur des Antiques au Musée du Louvre, membre de la Commission impériale des Monuments historiques de France;

DU SOMMERARD, directeur du Musée des Thermes et de l'Hôtel de Cluny, membre de la Commission impériale des Monuments historiques de France;

LARTET, membre honoraire de la Société d'Anthropologie ;

Baron Alphonse DE ROTHSCHILD ;

Secrétaire de la Commission : M. Alfred DARCEL, attaché à la conservation des Musées impériaux.

TABLE DES MATIÈRES

HISTOIRE DU TRAVAIL

PAR M. E. DU SOMMERARD.

—

CHAPITRE 1.

ORGANISATION DE L'EXPOSITION DE L'HISTOIRE DU TRAVAIL.

La Commission impériale, en décidant, par arrêté du ministre
d'État, son vice-président, en date du 8 janvier 1866, qu'une
galerie spéciale serait réservée, au Champ-de-Mars, pour l'installation d'une exposition rétrospective qu'elle désignait
d'avance sous le titre d'*Histoire du Travail*, n'a pas cédé, ainsi
que quelques personnes ont paru le supposer dans le principe,
à la pensée, bien légitime du reste, de donner une attraction
de plus à l'Exposition universelle de 1867. Le but qu'elle se
proposait était d'un caractère plus élevé, et nous le trouvons
défini en quelques mots dans l'exposé sommaire qui précède
l'arrêté constituant la Commission de l'Histoire du Travail :
« Faciliter, pour la pratique des arts et l'étude de leur histoire,
« la comparaison des produits du travail de l'homme aux di-
« verses époques et chez les différents peuples; fournir aux
« producteurs de toute sorte des modèles à imiter, et signaler
« à l'attention publique les personnes qui conservent les œu-
« vres remarquables des temps passés. » Tel était le programme tracé dès le premier jour à la Commission de l'Histoire
du Travail, chargée, sous la présidence du comte de Nieuwerkerke, surintendant des Beaux-Arts, d'organiser et de mener
à bonne fin l'exposition nouvelle à laquelle chacune des na-

tions représentées au Champ-de-Mars allait être appelée à apporter son concours.

L'étude des temps anciens est devenue de nos jours, pour ainsi dire, un besoin général, et il est peu de personnes qui ne s'y associent d'une manière plus ou moins directe. L'indifférence dont nos antiquités nationales, celles des premiers temps de la monarchie, du moyen âge et des règnes qui l'ont suivi, étaient l'objet de la part du plus grand nombre, il y a un demi-siècle à peine, a fait place au respect le plus sincère pour les souvenirs du passé et à la recherche passionnée des œuvres d'art produites par les âges qui nous ont précédés. Cette réaction salutaire vers les époques principales de l'art et de l'industrie de nos pères s'est accomplie successivement de période en période, en commençant par le moyen âge et la renaissance, et en se terminant aujourd'hui par les œuvres primitives des temps les plus reculés, après avoir successivement remis en lumière les beaux ouvrages du XIIIᵉ, du XIVᵉ et du XVᵉ siècle, ceux des règnes de François Iᵉʳ et de Henri II, les éclatants produits du siècle de Louis XIV et des deux dernières périodes antérieures à la Révolution ; si bien que, au temps où nous sommes, en dehors de nos collections publiques, de nos musées et de nos bibliothèques, les galeries particulières qui n'étaient qu'une rare exception au commencement de ce siècle, sont nombreuses autant que leurs éléments sont variés, et que les richesses qu'elles renferment forment un puissant appoint pour l'histoire de l'art et de l'industrie de nos aïeux.

L'exposition de l'Histoire du Travail n'était pas sans précédents ; déjà à Londres en 1862, pendant la dernière exposition universelle, l'administration du Kensington Museum réunissait, dans les bâtiments dont elle a la disposition, une brillante collection de monuments de toute nature et d'objets de toute provenance appartenant aux siècles passés. Ces monuments, confiés par leurs propriétaires, venaient s'ajouter à ceux que renfermaient les galeries du musée et formaient un ensemble fort remarquable, malgré l'absence de méthode dans le classement et la confusion des nationalités. En 1865, à Paris, un premier essai du même genre était tenté par une réunion d'artistes et d'industriels éminents dont les efforts ont été couronnés par un succès justement mérité. L'exposition rétrospective de l'*Union des Beaux-Arts appliqués à l'Industrie*, dirigée par M. Guichard, l'actif président de cette association, avec le concours de ses collègues qui n'avaient reculé devant aucun sacrifice pour mener à bonne fin l'œuvre entreprise, avait reçu du public l'accueil le plus sympathique. Mais cette fois, au palais des Champs-Élysées, comme en 1862, au Kensington Museum, l'exposition rétrospective embrassait les objets d'art de tous les siècles et de toutes les ·contrées, sans distinction d'origine, d'époque et de provenance ; et néanmoins, les richesses qu'elle présentait et dont la plupart, conservées dans les galeries particulières, étaient ignorées du public, ont été, nous le répétons, l'objet d'une faveur toute spéciale. Le résultat obtenu par l'Union centrale, résultat sans précédent chez nous, a été aussi complet que possible, et nous sommes heureux de pouvoir en rendre, une fois de plus, le sincère témoignage au comité organisateur de cette excellente institution.

L'exposition de l'Histoire du Travail de 1867, partant d'un point de départ tout autre, avait pour première base le principe absolu des divisions de nationalités adoptées pour les industries modernes ; la galerie qui lui était affectée devait bien recevoir les produits de tous les pays et les œuvres appartenant aux différentes contrées depuis les temps les plus reculés jusqu'à la fin du dix-huitième siècle, mais aux termes du règlement, les objets se rattachant à l'industrie de chaque nation devaient être placés dans une portion distincte de cette galerie et disposés de manière à caractériser les époques principales de l'histoire de chaque peuple.

La Commission chargée de la section de l'Histoire du Travail avait dès lors une double tâche à remplir : elle devait d'abord faire appel à toutes les puissances étrangères pour les convier

à prendre part à cette exposition dont l'intérêt ne pouvait que
s'accroître par la comparaison des produits exposés, en raison
directe du nombre des contrées qui y seraient représentées; elle
avait en outre à arrêter les bases d'une classification générale qui
pût s'appliquer à chaque pays, tout en laissant aux Commissions étrangères le soin d'organiser leur participation à l'œuvre
commune. Quant à la section française, le but que la Commission se proposait d'atteindre, et qui se trouve exactement défini
dans une de ses circulaires, était d'organiser cette exposition
de manière à faire connaître par la vue des monuments qu'elles
nous ont laissés, les époques principales de l'art et de l'industrie de nos pères, de donner l'idée exacte de l'importance
de nos arts industriels à toutes les périodes de notre histoire ;
elle voulait faire saisir en outre par un classement méthodique
la succession chronologique des progrès, des transformations
et même des défaillances du travail national.

Ce classement, adopté pour la section française en même
temps qu'il était indiqué comme pouvant servir de base à
toutes les contrées étrangères, divisait la galerie de l'Histoire
du Travail en dix époques bien tranchées. Ces divisions sont
les suivantes :

1° *La Gaule avant l'emploi des métaux ;* — Comprenant les
ustensiles d'os et de pierre, avec les ossements des animaux
aujourd'hui disparus du sol de la France, mais trouvés avec
ces objets et pouvant indiquer la période à laquelle ceux-ci
appartiennent ; — 2° *La Gaule indépendante ;* — Armes et
ustensiles de bronze, de pierre; objets de terre cuite ; — 3° *La
Gaule pendant la domination romaine ;* — Bronzes, armes,
monnaies gauloises, orfévrerie, bijoux, poteries rouges et
noires, émaux incrustés, etc.; — 4° *Les Francs jusqu'au sacre
de Charlemagne* (800); — Bronzes, monnaies, orfévrerie, bijoux, armes, poteries, manuscrits, chartes, etc.; — 5° *Les Car-
lovingiens*, du commencement du IXᵉ à la fin du XIᵉ siècle ; —
Sculpture, ivoires, bronzes, monnaies, sceaux, orfévrerie,
bijoux, armes, manuscrits, chartes. etc.; — 6° *Le Moyen Age.*

du commencement du XIIe siècle au règne de Louis XI, inclusivement (1483) ; — Statuaire, sculpture en ivoire, bois, meubles, bronzes, monnaies, sceaux, orfévrerie, bijoux, armes et armures, manuscrits, miniatures, émaux incrustés et champlevés, poteries, tapisseries, tissus, broderies, vêtements, etc. ; — 7° *La Renaissance*, depuis Charles VIII jusqu'à Henri IV (1610); — Comprenant, comme la période précédente, les produits de la sculpture, ceux de l'orfévrerie, de l'armurerie et de la coutellerie ; puis les émaux peints, les faïences vernissées, celles dites de Henri II, les ouvrages de Bernard Palissy et de ses continuateurs, les verreries, les tapisseries, les tissus, les broderies, les reliures, etc. ; — 8° *Les règnes de Louis XIII et de Louis XIV*, de 1610 à 1715, dans lesquels se trouvent, outre les produits des siècles précédents ci-dessus désignés, les ameublements en bois sculpté et doré, les marqueteries rehaussées de bronzes, les faïences de Nevers et de Rouen, ainsi que les porcelaines de Rouen et de Saint-Cloud ; — 9° *Le règne de Louis XV*, de 1715 à 1775, présentant, outre tous les objets énumérés ci-dessus, les vernis Martin, les porcelaines de Chantilly, de Mennecy, de Vincennes et de Sèvres ; les faïences de Moustiers, de Marseille, de l'Alsace, de la Lorraine, de la Picardie, etc.; — 10° *Le règne de Louis XVI et la Révolution française*, de l'année 1775 à 1800.

L'appel adressé par la Commission à toutes les contrées étrangères a reçu l'accueil le plus sympathique, et, sauf de rares exceptions, déterminées par des causes toutes spéciales, la plupart des pays de l'Europe ont pris place à l'exposition de l'Histoire du Travail ; l'Angleterre, l'Autriche, les Principautés Roumaines, le Portugal, les Pays-Bas, la Russie, la Suède et la Norwége ont envoyé de nombreuses et intéressantes collections classées avec méthode ; d'autres pays de l'Europe, tels que l'Italie, la Bavière, le Wurtemberg, la Suisse, le Danemark, les États-Pontificaux, ont exposé, les uns des séries entières, les autres quelques ouvrages détachés ; les Républiques américaines ont fait elles-mêmes acte de présence, et enfin l'Égypte a envoyé ses trésors du musée de Boulaq, déjà exposés en partie à Londres en 1862, et qui se retrouvent aujourd'hui dans le petit temple de Philœ, copie réduite de l'original et que le gouvernement égyptien a fait construire à leur intention dans le parc du Champ-de-Mars.

Lors de l'exposition rétrospective ouverte à Londres en 1862, la grande cour du Kensington Museum renfermait non-seulement les objets confiés par les principaux collectionneurs du Royaume-Uni et par les trésors des corporations et des compagnies, mais elle comprenait en outre un nombre considérable d'œuvres d'art de toute nature empruntées aux musées de l'État, aux bibliothèques publiques, aux palais de la Reine. Il ne pouvait en être ainsi en France, en vertu de la loi qui régit nos établissements publics et assure la conservation de nos collections nationales en interdisant la sortie des richesses qu'elles renferment.

Le concours des musées du Louvre, de ceux de l'Hôtel de Cluny, de Saint-Thomas d'Aquin, du cabinet des Médailles et Antiques, des Bibliothèques impériales et nationales eût considérablement simplifié les opérations de la Commission de l'Histoire du Travail, comme nous le disions dans une récente notice sur le même sujet; mais en dehors des règlements qu'elle avait pour première mission de faire respecter, il y avait un puissant intérêt à conserver leur physionomie complète et intégrale à nos collections publiques, à nos musées, à nos bibliothèques, au moment où Paris devenait le centre sur lequel l'Europe entière allait se trouver appelée par l'Exposition universelle de 1867. La galerie de l'Histoire du Travail français devait donc, tout en ne comprenant que des objets d'origine nationale, se composer uniquement d'œuvres extraites des collections particulières de Paris, des départements, quelquefois même de l'étranger, des musées municipaux et des trésors des églises, à l'exclusion absolue des produits appartenant à l'État aussi bien qu'à la Couronne.

L'appel adressé par la Commission et par les correspondants

qu'elle s'était constitués dans les départements, à nos plus célèbres collectionneurs, au haut clergé de France, aux administrations municipales, a rencontré de toute part l'accueil le
plus bienveillant et le plus actif. Et cependant, il ne s'agis-
sait plus d'obtenir, comme antérieurement, des collections
entières, dont l'exhibition fait toujours honneur à l'amateur
érudit qui a mis tous ses soins à en opérer la laborieuse
réunion ; il fallait faire choix de certains objets désignés
comme étant d'origine française, les détacher des collections
auxquelles ils appartiennent, des œuvres de provenance étrangère qui les entourent, et les faire rentrer, suivant la date
qui leur était assignée, dans les exigences du classement général. Ainsi, comme l'annonçait la Commission, non-seulement elle ne pouvait admettre dans la section française que
les ouvrages se rattachant à l'art et à l'industrie des populations qui ont vécu sur le sol de la France, mais aucune collection de nature, de nationalité et d'âges différents ne pouvait
motiver une exposition particulière ; chaque pièce devait être
classée à son rang, suivant le système adopté, tout en portant
le nom de son propriétaire, français ou étranger.

Malgré ces conditions imposées par la nature même de l'exposition, l'empressement des principaux amateurs des œuvres
d'art des temps anciens à répondre à l'appel qui leur était
adressé a dépassé toute attente; le concours du clergé de
France, celui des administrations municipales, a été pour
ainsi dire unanime, et l'espoir qu'exprimait la Commission
dans sa première circulaire, que tous tiendraient à honneur
de concourir à cette manifestation nouvelle de la gloire traditionnelle de notre pays dans les arts, s'est promptement réa-
lisé.

En présence des envois considérables faits de tous les
points du pays, un sérieux contrôle et un choix sévère deve-
naient indispensables, et un Jury spécial fut constitué afin de
procéder à l'examen de toutes les œuvres destinées à la section française. Ce Jury composé des collectionneurs les plus

éminents de Paris et des départements, dont les noms vont se
retrouver fréquemment dans ce rapport, ainsi que des savants
chargés de la direction de nos musées et de la conservation de
nos bibliothèques et de nos collections publiques, était divisé
en cinq sections présidées chacune par un des membres de la
Commission de l'Histoire du Travail, et avait pour mission de
renvoyer aux contrées auxquelles elles revenaient les pièces
reconnues comme étant d'origine étrangère, en mettant de côté
toute œuvre indigne de figurer dans une collection destinée à
retracer à l'aide des monuments les mieux choisis l'histoire
de nos arts industriels à ses diverses époques.

La Commission impériale avait d'ailleurs pris à sa charge les
frais de transport, aller et retour, dans les départements, ainsi
que toutes les dépenses d'installation, d'arrangement et de
réexpédition, en acceptant d'avance la responsabilité de chacun
des objets confiés à la Commission de l'Histoire du Travail pour
la valeur dont cette dernière aurait agréé la déclaration préa-
lable.

Nous avons dit que, en dehors des collections particulières
dont les propriétaires ont gracieusement consenti à se dessaisir
en partie pendant près de neuf mois, les cathédrales et les
églises de France avaient bien voulu ouvrir leurs trésors, en
même temps que les principales villes de l'empire mettaient à
la disposition de la Commission tous les objets précieux,
d'origine nationale, renfermés dans leurs musées et dans
leurs bibliothèques. Ajoutons que bien des collectionneurs
étrangers, en tête desquels nous citerons un des princes
les plus éclairés de l'Allemagne, n'ont pas hésité, sans
même y avoir été conviés, à envoyer à la Commission
de l'Histoire du Travail des suites complètes de précieux
ouvrages français réunis par leurs soins, montrant ainsi leur
sympathie pour l'œuvre entreprise et l'intérêt qu'ils atta-
chaient à son heureuse réussite. Le nombre des collections dont
les envois figurent dans la section française atteint le chiffre
de cinq cent trente-deux, tant galeries particulières que musées

municipaux, trésors d'églises, sociétés archéologiques, bibliothèques ; et le catalogue ne comprend pas moins de sept mille
numéros dont la plupart se rattachent à des séries tout entières d'objets réunis sous le même chiffre. Les précautions
les plus minutieuses devaient présider à la réception de toutes
ces richesses ainsi qu'à leur installation et à la rédaction des
inventaires. Tous ces travaux ont été exécutés en temps utile,
et dès le 1er avril, jour de l'inauguration de l'Exposition universelle, la Commission de l'Histoire du Travail ouvrait au
public les galeries de la section française, complétement ins-
tallées pour la plupart, constituant dans leur ensemble la collection nationale par excellence, collection dont l'étude ne
saurait être sans effet pour le développement des arts industriels de notre temps.

Nous voudrions pouvoir examiner un à un chacun des objets confiés à nos soins ; mais un pareil travail dépasserait de
beaucoup les limites imposées à ce rapport ; nous nous bornerons donc à présenter d'une manière aussi succincte que possible les œuvres les plus importantes qui représentent l'art de
chacune des grandes époques, en suivant l'ordre du classement général et en insistant sur les ouvrages qui les caractérisent d'une manière plus spéciale ; ce sera signaler en même
temps, en les mettant de nouveau sous les yeux du public,
les noms des collectionneurs à la bienveillance desquels
sont dus les résultats obtenus, ceux des membres du haut
clergé français qui nous ont prêté un si efficace et si précieux
concours, ceux, enfin, de nos zélés correspondants et des savants chargés de la conservation des collections municipales
dans nos départements, dont l'empressement à seconder
l'œuvre entreprise par la Commission n'a pas peu contribué à
en déterminer le succès.

CHAPITRE II.

SECTION FRANÇAISE.

—

I. — LA GAULE AVANT L'EMPLOI DES MÉTAUX.

La Gaule avant l'emploi des métaux, point de départ de l'exposition française de l'Histoire du Travail, occupe la première salle, celle qui s'ouvre sur le grand vestibule du palais ; c'est là que sont placés, comme le titre l'indique, les ouvrages produits par l'homme à une époque à laquelle l'usage du fer, du bronze, de l'or et de l'argent était encore inconnu dans nos contrées ; c'est là que se trouvent les curieux instruments en silex taillé, les ustensiles en bois de cerf et en bois de renne découverts dans plusieurs régions de la France et appartenant aux premiers âges de la pierre, aux époques des cavernes, à celles des constructions lacustres et jusqu'aux temps de transition dans lesquels les travaux en métal commencent à apparaître.

Les collections de MM. Lartet et Christy, de M. le marquis de Vibraye, de l'abbé Bourgeois, de M. Peccadeau de l'Isle, celles de MM. Reboux, Bailleau et Feningre, Brun, Filhol de Toulouse, de M. Louis Leguay et du comte de Galbert, ont été largement mises à contribution; de nombreux envois ont été faits par M. le docteur Garrigou, M. Hébert, le comte de Beaulaincourt, le docteur Eugène Robert, l'abbé Delaunay, MM. de Rochebrune, de Lavauld, Martin, Cartailhac, Gréau de Troyes, par MM. Ancessy, l'abbé Cochet et par M. le comte Josselin Costa de Beauregard, à qui cette section est également redevable des vases provenant des stations lacustres du lac du Bourget et du lac de Genève, en Haute-Savoie.

Les musées départementaux ont adressé un important contingent à cette première série, et les collections publiques de Poitiers, de Saint-Lô, de Narbonne, d'Auxerre, ainsi que le collége de Vervins, ont envoyé à la Commission de notables échantillons de ces époques primitives, parmi lesquels se trouve la précieuse découverte du dolmen de Manné-er-H'roeck, de la commune de Locmariaquer, dans le Morbihan, collection unique de haches en pierre polie, d'anneaux en jadéite, de colliers et de perles trouvés dans la même fouille, recueillie par le musée de Vannes et mise par cet établissement à la disposition de la Commission de l'Histoire du Travail.

En présence de ces produits de toutes formes, sur l'origine et l'emploi desquels le public n'a pas jusqu'à ce jour de données bien précises, dont la recherche et l'étude constituent une science encore nouvelle, à laquelle de nombreux érudits se sont livrés avec une ardeur digne de l'intérêt qu'inspirent ces monuments, une classification parfaitement méthodique était nécessaire pour faire bien saisir l'enchaînement des travaux de l'homme dans ces premiers temps. Le classement adopté par la Commission répondait à ce besoin, et l'ordre chronologique observé dans la disposition des vitrines ne pouvait laisser aucune indécision pour l'appréciation des produits exposés. Cette première partie de l'exposition rétrospective a été, du reste, parfaitement accueillie ; car les objets qu'elle renferme présentent un intérêt tout spécial, au moment où la science se tourne vers ces époques primitives et cherche à percer complétement le voile qui les couvrait encore naguère.

En dehors des silex taillés, des haches et des ustensiles de même nature, il était une série dans laquelle l'art, s'il est permis d'appliquer ce mot à des essais aussi peu avancés, commence à jouer un rôle ; c'est celle des pièces gravées et sculptées qui se rapportent au premier âge de la pierre, et que la Commission avait eu soin de réunir dans une même vitrine placée au milieu de la salle. L'éléphant, le grand ours des cavernes, le cerf, le renne et l'auroch se retrouvent là

gravés au trait ou sculptés en ronde bosse sur des os ou
des bois de renne, sur des défenses d'éléphant, sur des
pierres informes. L'homme y est lui-même représenté, et dans
la plupart de ces reproductions, le caractère dominant est
toujours celui de la vérité dans l'attitude et dans le mouvement des figures. La plupart de ces précieux souvenirs ont été
recueillis dans la Dordogne, le Tarn-et-Garonne, l'Ariége,
par les soins de MM. Lartet et Christy, du marquis de Vibraye,
de MM. Peccadeau de l'Isle, Brun, de l'abbé Bourgeois et le
docteur Garrigou. Ils forment un ensemble important pour
l'étude de ces époques dites antéhistoriques, et la Commission, en les mettant sous les yeux du public, est heureuse de
rendre hommage aux recherches de ces savants distingués
et à l'excellent concours qu'ils ont bien voulu lui prêter; de
même que c'est aux soins de M. Lartet, de MM. Mortillet et
Jules Desnoyers, du marquis de Vibraye, de MM. Bertran et
Colomb qu'elle doit l'excellente classification qui a permis
d'apprécier à leur juste valeur ces monuments qui peuvent
être considérés comme les essais élémentaires de l'homme,
et qui constituent le premier échelon de l'Histoire du
Travail.

II, III. — LA GAULE INDÉPENDANTE. — LA GAULE SOUS
LA DOMINATION ROMAINE.

Les époques celtique et gallo-romaine se présentent immé-
diatement après, et leur réunion forme une nombreuse collection, grâce au concours de la plupart de nos musées
départementaux et des principales galeries particulières de
Paris et de la province. Cette double période, qui comprend
la Gaule indépendante et la Gaule sous la domination romaine,
et à laquelle commence, à vrai dire, l'examen des produits du
travail national, embrasse un nombre infini d'œuvres de toute
sorte dont le classement, confié aux soins de notre savant

collègue M. Adrien de Longpérier, fait ressortir toute l'importance pour l'étude de notre histoire.

La série des ouvrages en marbre et en pierre ne comprend qu'un nombre assez restreint de numéros, la Commission de l'Histoire du Travail ayant dû renoncer à l'envoi de monuments d'un poids considérable et d'une nature encombrante pour se borner à ceux dont le transport et le déplacement ne présentaient pas les mêmes difficultés. Quelques cippes trouvés à Reims et à Melun, des stèles en pierre du musée d'Autun, des bustes et des statuettes en marbre blanc, des urnes funéraires conservées dans le musée d'Aix, quelques bas-reliefs et de nombreux fragments envoyés par les mêmes collections suffisent, du reste, à constituer un ensemble d'un sérieux intérêt.

La collection des bronzes est d'un éclat exceptionnel, et il a été permis à la Commission de pouvoir réunir en un seul groupe bien des richesses disséminées dans un grand nombre de nos galeries départementales. Les statues, statuettes et figurines gauloises et gallo-romaines sont au nombre de cent vingt-cinq et comprennent des œuvres capitales, telles que le grand Jupiter, de Lyon, les belles figures trouvées au Vieil-Évreux, celles des musées d'Aix dans les Bouches-du-Rhône, de Beaune dans la Côte-d'Or, de Rennes, de Nîmes, de Saint-Omer, de Moulins et du Mans; les statuettes envoyées par M. Ed. Barry, de Toulouse, qui a bien voulu mettre à la disposition de la Commission tous les précieux objets renfermés dans sa belle et nombreuse collection; celles de M. Julien Gréau, de Troyes, du commandant Oppermann, de M. Sutterlin, de Strasbourg; du baron de Girardot, de M. Duquenelle, de Reims; de MM. Charvet, Auguste Commez, de Toulouse, et Jules Chevrier, de Châlon-sur-Saône.

Les ouvrages en métaux précieux, en or ou en argent, offrent un intérêt tout spécial, et les vitrines de la salle gallo-romaine présentent les plus beaux spécimens en ce genre; ce sont d'abord, pour n'en citer que quelques-uns, les deux

2*

colliers d'or trouvés à Plouharnel, dans le Morbihan, composés tous deux d'une large lame de métal, et appartenant l'un à M. le comte Costa de Beauregard, l'autre à Mme Lebail de Plouharnel; les bracelets d'or découverts au même lieu et qu'il a été possible d'exposer auprès des fragments des vases en terre dans lesquels les deux colliers ont été retrouvés, avec toute une série de haches en pierre et quelques pièces en bronze extraites des mêmes fouilles; et surtout les six magnifiques colliers d'or massif découverts à Fenouillet, dans la Haute-Garonne, et conservés aujourd'hui dans les collections du musée de Toulouse, monuments aussi remarquables par la perfection du travail que par l'élégance de l'ornementation, qui rappellent les plus beaux trésors des temps antiques, et dans lesquels on ne sait qu'apprécier le plus, le précieux de la matière, la conservation sans égale ou l'habileté des moyens d'exécution employés par les orfèvres du temps.

D'autres bracelets en or, des torques en bronze, des colliers de toutes dimensions remplissent les vitrines de cette salle et proviennent des collections que nous avons déjà citées, ainsi que les fibules, agrafes et ornements divers, attributs du costume et de l'équipement de ces époques.

Parmi les armes défensives nous devons signaler le beau casque de forme conique trouvé à Falaise et appartenant à M. de Glanville de Rouen, celui de provenance analogue conservé par le musée de Falaise, le casque à bombe trouvé dans la Saône, près de Lyon, et qui fait aujourd'hui partie de la collection de M. de Billy. Les armes offensives sont nombreuses: les épées, les poignards, les couteaux de diverses formes, les lances, les traits, les haches en bronze ont été envoyés par toutes les collections publiques et particulières et forment une partie essentielle des ouvrages de cette période avec de précieux fragments des chars conservés au musée de Toulouse et trouvés à Fa dans le département de l'Aube, et à Besançon dans celui du Doubs.

Il faudrait citer également les vases en métal, les poteries de toutes fabriques, les coupes, les plats d'argent de Soissons et de Lillebonne, les casserolles de bronze poinçonnées au nom du fabricant, les gourdes et les amphores, les bassins, les cassolettes et les urnes funéraires, avant d'arriver au monnaies d'or, d'argent et de bronze, aux sceaux et aux estampilles réunis par M. Barry de Toulouse, et enfin aux ustensiles de tout genre qui constituent une des séries importantes de cette collection.

C'est dans cette dernière partie que sont classés le beau foyer en bronze du musée de Lyon, trouvé à Vienne en 1839, le trépied de Giberville, découvert en 1812 et conservé au musée de Caen, les miroirs de bronze découverts à Arles et à Reims, les strigiles, les lampes, les poids, les agrafes, les clochettes, les pièces de serrurerie, les clefs en bronze et les objets usuels qui se retrouvent dans toutes les provinces de la France avec la même variété et la même élégance de formes.

Les fouilles de Toulon-sur-Allier ont amené la mise au jour d'ateliers de mouleurs en terre blanche et d'une collection considérable de figurines, de vases et d'ustensiles usuels ainsi que des moules servant à leur fabrication.

Ces objets sont aujourd'hui la propriété de MM. Esmonnot et Bertrand, de Moulins, ainsi que du musée de cette ville qui ont bien voulu adresser à la Commission de nombreux et intéressants spécimens de cette industrie. M. le commandant Oppermann y a joint plusieurs bustes trouvés à Vichy, à Arpajon dans le Cantal et quelques figurines découvertes sur d'autres points du pays.

Les vases de terre provenant de la collection de M. Charvet, des musées d'Aix, d'Auxerre, d'Arles et d'Avignon, des cabinets de M. Duquenelle de Reims et de quelques autres collectionneurs, sont au nombre de deux cent cinquante et représentent la plupart des fabriques dont on a retrouvé la trace sur le sol de la France ; ce n'est pas là une des séries les

moins intéressantes des époques gauloise et gallo-romaine,
et c'est en même temps le point de départ de cette belle
industrie céramique dont nous rencontrons les brillants produits au moyen âge et à la renaissance.

Le concours des musées départementaux a été unanime,
nous l'avons dit plus haut, pour assurer la réussite de cette
partie de l'exposition de l'Histoire du Travail ; qu'il nous soit
permis, indépendamment des collections publiques que nous
avons déjà citées, de mentionner les musées d'Annecy, d'Arles, d'Autun, de Caen, de Chartres, d'Évreux, du Mans, de
Narbonne, de Nîmes, de Poitiers, de Provins, celui de
Rouen, ceux de Saint-Lô, de Saint-Omer, de Saverne et de
Soissons ; le comité archéologique de Senlis, la Société pour
la conservation des monuments historiques de l'Alsace et le
collége de Vervins ; nous voudrions donner ici les noms de
toutes les collections particulières qui ont contribué à compléter cette période de notre exposition ; on en trouvera au
catalogue la liste *in extenso ;* signalons seulement, en dehors
de celles que nous avons déjà mentionnées, les galeries de
M. Peigné Delacourt, du baron de Girardot, de MM. Cotteau
d'Auxerre, Bouillet de Clermont, Danjou de Fougères, de
Glanville de Rouen ; ainsi que celles de MM. de Soland,
Rollin et Feuardent, Félix Bourquelot, Louis Revon d'Annecy,
Édouard Fould, celles de l'abbé Tourneux, du colonel de
Morlet, de l'abbé Cochet, de M. Bulliot d'Autun et de madame
Hortense de Cazaux.

IV. — LES FRANCS JUSQU'AU SACRE DE CHARLEMAGNE.

La quatrième époque, comprenant les Francs jusqu'au sacre
de Charlemagne, nous présente en grande partie les mêmes
noms ; les ivoires des musées de Boulogne et de Rouen, un
grand nombre d'ustensiles en bronze, des armes en fer, des
scramasaxes, des couteaux de toutes formes, des épées et des

franciesques ouvrent cette section dans laquelle les armes montées en or, trouvées à Pouan dans le département de l'Aube et données par l'Empereur au musée de Troyes, tiennent une place considérable. Il faudrait également citer ici les mille objets de forme et d'usage multiples retrouvés dans les cimetières du Boulonnais, les collections de monnaies des rois mérovingiens, de M. le vicomte de Ponton d'Amécourt, les fibules, bagues, pendants d'oreilles d'or, d'argent et de bronze, envoyés par nos musées de province et recueillis de tous côtés en France, la collection des poteries et des pièces de verrerie des mêmes époques dont le musée de Boulogne conserve tant de remarquables spécimens, et enfin quelques manuscrits précieux confiés par M. Firmin Didot, la bibliothèque de Troyes et celle du séminaire d'Autun.

V. — LES CARLOVINGIENS.

Les monuments en ivoire occupent un des premiers rangs dans les industries d'art de l'ère carlovingienne, et il était réservé à la Commission de l'Histoire du Travail de pouvoir mettre pour la première fois sous les yeux du public quelques-uns des plus beaux ouvrages de ce genre, religieusement conservés depuis longues années dans des collections particulières d'un accès difficile, et dont on ne pouvait juger que par des reproductions graphiques plus ou moins exactes.

Le flabellum de l'abbaye de Tournus peut, à juste titre, être considéré comme une des pièces les plus rares et les plus précieuses en ce genre ; conservé jadis à l'abbaye de Saint-Philibert à Tournus, cet objet qui remonte au IXe siècle se compose d'une boîte en ivoire, ou plutôt en os de narval, supportée par un long manche de même matière richement orné de rinceaux et d'ornements en relief et portant l'inscription : *Johel me scœ fecit in honore Mariæ.* La boîte, en s'ou-

vrant, développe le flabellum ou écran, de forme circulaire,
orné sur ses deux faces de sujets à figures, de rinceaux et
d'inscriptions en vers latins tracées en lettres d'or sur fond de
pourpre, sorte de dédicace indiquant l'usage du flabellum,
destiné à être porté près de l'officiant au service divin, à
écarter les mouches et à mitiger les ardeurs du soleil : *Infes-
tas abigit muscas et mitigat estus.*

La boîte elle-même est chargée de sculptures, et le chapi-
teau qui la retient au manche porte sur chacun de ses angles
la figure d'un apôtre. Le parchemin qui constitue plus spécialement le flabellum est plissé de manière à pouvoir sortir
de la boîte et y rentrer à volonté, rappelant ainsi par sa forme
et sa disposition ces écrans rapportés de l'Inde et de la Chine
et que l'industrie parisienne imite de nos jours.

Le flabellum de l'abbaye de Saint-Philibert est dans un état
de conservation extraordinaire et appartient au savant M. Carrand, de Lyon ; les peintures sur vélin ont encore toute leur
fraîcheur primitive, et le temps n'a fait que leur donner une
plus complète harmonie. Les sculptures exécutées pour la
plupart en haut relief, tant sur la boîte que sur le manche
dont les diverses parties sont reliées entre elles par des nœuds
en ivoire ou en os de narval teints en vert, témoignent d'une
grande habileté et donnent à ce précieux objet, unique en son
genre, un caractère d'élégance et de richesse tout à fait
remarquable et justement approprié à l'emploi pour lequel il
était destiné.

Trois grands oliphants, de la même époque, occupent la
vitrine centrale : ce sont, celui du musée de Toulouse couvert
de figures et d'animaux fantastiques sculptés ou gravés, l'oli-
phant du trésor de Saint-Trophime d'Arles, relevé de fleurons
et de figures, et enfin celui de l'église de Saint-Orens à Auch,
dans lequel les divisions géométriques alternent avec des entrelacs et des animaux chimériques. Il convient de citer également le peigne de saint Loup portant son inscription en lettres
onciales, monté au XIIe siècle en argent doré, décoré de ca-

bochons et appartenant au trésor de la cathédrale de Sens ; celui du xie siècle de la collection de M. l'abbé Caneto, vicaire général à Auch ; la boîte à hosties de l'histoire de Joseph, conservée dans la collection du baron de Théis ; le cylindre de l'église de la Major à Arles ; le tau à double volute envoyé par le musée départemental des antiquités de Rouen ; les crosses à figures de l'église Saint-Trophime d'Arles et du musée de Narbonne ; le coffre à couvercle dont les bas-reliefs représentent des cavaliers vêtus de mailles et des hommes de guerre, extrait de la galerie de M. de Basilewski ; celui du musée de Reims, décoré des figures d'Adam et d'Ève, d'hommes armés et de guerriers en costumes du xe siècle ; une statuette de même époque provenant du musée de Lille, quelques bas-reliefs, des plaques d'évangéliaires et divers objets appartenant à MM. Quenson de Lille, Arondel, Ed. Barry de Toulouse, et remontant aux xe et xie siècles.

La figurine équestre de Charlemagne, que conservait jadis le trésor de la cathédrale de Metz, avait sa place toute indiquée au centre de la salle consacrée aux monuments de l'ère carlovingienne. Recueilli par les soins du chevalier Alexandre Lenoir, ce bronze, qui a conservé en partie, malgré de sérieuses restaurations, la patine d'or qui le recouvrait, est devenu la propriété de Mme Éwans Lombe. L'empereur est à cheval, la tête ceinte de la couronne, les épaules couvertes d'un manteau court et drapé, et porte en mains le globe et l'épée. Ce petit monument est remarquable par le caractère de gravité qui distingue la figure, la simplicité de la pose et les détails du costume. Quelques pièces d'orfévrerie, quelques bijoux, des bronzes, des monnaies et des armes envoyés par M. B. Fillon de Fontenay, MM. de Marguerie, Charvet et le comte de Kergariou, par l'église de Saint-Benoist-sur-Loire, les musées de Chartres et du Mans, M. le vicomte P. d'Amécourt et l'église de Sainte-Paule des Côtes-du-Nord, complètent cette cinquième série, avec des chartes et diplômes, extraits des archives du Bas-

Rhin et de la Vienne, des évangéliaires et des manuscrits, empruntés à la cathédrale et à la bibliothèque de Troyes, au séminaire d'Autun, à l'église Saint-Andoche de Saulieu dans la Côte-d'Or, au comte de Kergariou et à M. A. Firmin Didot.

VI. — LE MOYEN AGE.

La galerie du *Moyen Age* comprend, nous l'avons dit, tous les produits des XIIe, XIIIe, XIVe et XVe siècles, depuis l'année 1100 jusqu'à 1483, fin du règne de Louis XI ; les objets destinés au culte religieux y abondent, et c'est pour l'installation de cette partie de l'exposition rétrospective que la Commission de l'Histoire du Travail a été secondée avec le zèle le plus louable par le haut clergé français et les administrations municipales. Le contingent fourni par les trésors des églises et par les musées des départements est considérable, et, grâce au bienveillant concours prêté à la Commission par les églises et les établissements publics qui se trouvent aujourd'hui en possession de ces précieux souvenirs, il lui a été possible de rassembler une collection d'objets du moyen âge tout à fait hors ligne et du plus haut intérêt pour l'étude de l'histoire nationale. La Commission est heureuse d'exprimer ici publiquement sa gratitude au clergé français qui a bien voulu lui confier pendant plusieurs mois ces monuments, objets de la vénération des populations, ainsi qu'à MM. les directeurs des musées de province qui n'ont pas hésité à dépouiller les collections qui leur sont confiées de plusieurs de leurs plus beaux fleurons, assurant ainsi le succès d'une œuvre toute nationale dont le moindre résultat n'a pas été de montrer la prééminence de nos arts et de l'industrie française aux diverses époques de notre histoire.

Nous voudrions pouvoir rendre à chacun le témoignage qui lui est dû ; malheureusement, les limites imposées à ce rapport sont bien restreintes ; qu'il nous soit permis cependant de citer ici les cathédrales de Chartres, de Reims, de Limoges, de Troyes, d'Angers, de Sens, l'église Notre-Dame de Strasbourg, celles de Neuviller, de Brioude, Saint-Andoche de Saulieu, Saint-Nicolas d'Arras, Saint-Taurin d'Évreux, Saint-Marcel, puis celles de Germiny-les-Prés, de Billanger, de Château-Ponsat, de Noyon, de Bousbecque, de Mauzac ; les Dames Ursulines d'Arras et les Bénédictines de Verneuil ; les Hôtels-Dieu d'Auxerre, de Reims, l'hôpital général de Limoges, celui de Tonnerre et l'hospice de Villeneuve-lez-Avignon ; le séminaire de Nîmes, ceux de Reims, d'Yvetot ; le collége de Billom ; NN. SS. les évêques de Bourges, de Coutances et de Saint-Brieuc, ainsi que M. le curé d'Arles.

Parmi les collections publiques des départements nous ne saurions omettre de signaler le concours empressé des musées d'Angers, d'Auxerre, de Beauvais, de Bordeaux, de Chartres, de Lille, de Limoges, de Lyon ; de ceux du Mans, de Narbonne, de Nîmes, d'Orléans, de Rouen, de Rennes, de Reims, de Senlis, de Saint-Omer, de Saint-Lô, de Soissons, de Toulouse et de Troyes ; de la bibliothèque de Laon, de la Société archéologique de Seine-et-Marne, ainsi que de celle des Antiquaires de Normandie.

Quant aux collections particulières, il faudrait pouvoir les mentionner toutes ; indiquons au moins les noms de MM. Barry de Toulouse, Basilewski, Dutuit de Rouen, baron de Théis, que nous retrouvons à chacune des périodes de l'Histoire du Travail, ceux de l'abbé Jouen, du vicomte d'Amécourt, de la comtesse Dialynska, du baron de Girardot ainsi que ceux de MM. Delaherche de Beauvais, Carrand de Lyon, de Glanville de Rouen, Gielen de Maeseyck, Hucher du Mans, B. Fillon, Ramé de Rennes, Le Brun d'Albanne et Julien Gréau de Troyes, Benvignat de Lille, du Puis Vaillant de Poitiers.

La statuaire en marbre du moyen âge est représentée par la Vierge du XIVe siècle de M. Barry de Toulouse, par les figures du tombeau de Jehan duc de Berry, mort en 1416, appartenant au musée de Bourges, et par les bas-reliefs du

xve siècle de MM. Lecointre Dupont de Poitiers et Cliquot de
Reims.

La sculpture en ivoire, en grand honneur au moyen âge,
devait occuper une place importante parmi les ouvrages de
cette époque. La grande Vierge formant triptyque, du musée
de Lyon, de la fin du xiie siècle ; celle aux carnations peintes
avec rehauts d'or, du xiie siècle, conservée à Villeneuve-lez-
Avignon, peuvent être considérées comme des œuvres excep-
tionnelles justement appréciées des archéologues; nous en
dirons autant des beaux diptyques extraits des collections de
MM. de Basilewski et Bellaigue de Bughas, du baron de
Théis, de M. Dutuit de Rouen, et qui datent tous du xiiie au
xive siècle.

Les meubles sont peu nombreux en raison des exigences
de la distribution des galeries; nous citerons cependant le
bahut de M. Alf. Gerente, couvert de chevaliers vêtus de
mailles et remontant à la belle époque du xive siècle ; la crédence à l'écu de France et la chaire à dosseret envoyés par
M. Barry de Toulouse, celle de M. du Puis Vaillant de
Poitiers, et le bahut du xve siècle appartenant au musée d'Orléans.

Dans la série des bronzes du moyen âge, l'attention se
porte, de prime abord, sur la statuette équestre de Jehanne
d'Arc en armes, précieux souvenir du xve siècle, conservé par
les soins de M. Carrand de Lyon; viennent ensuite la clochette
du petit séminaire de Reims, les fragments du grand candé-
labre de saint Remy, les anneaux de porte du xie siècle de
l'église de Brioude, les pièces d'équipement appartenant à
M. Victor Gay, les crosses des musées d'Angers et de Senlis,
les chandeliers du baron de Girardot et du musée de Rouen,
la grosse cloche du musée de Melun, avec son inscription en
relief, et une foule d'objets de nature analogue appartenant
aux mêmes temps.

Les sceaux sont nombreux, et la plus grande partie revient
aux musées d'Auxerre, d'Angers, de Rennes, de Saint-Omer,

de Troyes et de Lyon, à MM. J. Gréau de Troyes, Cinot de la
Société de Seine-et-Marne, E. Hucher du Mans, et B. Fillon.
Citons aussi la collection des poids en bronze des villes
du midi de la France et des mesures de capacité, réunis par
M. Barry de Toulouse, collection qui occupe trois vitrines
tout entières ; les jetons des corporations et les enseignes de
pèlerinage de MM. Arthur Forgeais et de la Herche de Beauvais, ainsi que les moules qui servaient à la fabrication de ces
bijoux en plomb ou en étain.

L'orfévrerie religieuse tient un rang considérable dans cette
galerie du moyen âge ; quel que soit l'intérêt qui s'attache à la
réunion momentanée de ces monuments précieux appartenant
pour la plupart aux trésors des églises de France, il nous est
impossible de les désigner tous, et nous nous bornerons à indiquer les plus saillants et les plus dignes de l'intérêt des archéologues : tels sont l'autel portatif en porphyre rouge avec
monture en argent ; l'A de Charlemagne ; l'autel portatif en
albâtre et les reliquaires du trésor de l'église de Conques ; la
statuette d'ange et le reliquaire de Saint-Etienne de Muret,
du trésor de Grandmont ; le calice de saint Remy, précieux
ouvrage du XIIᵉ siècle, appartenant aujourd'hui à la cathédrale de Reims ; les deux belles crosses en cristal de roche
conservées à la bibliothèque de Versailles et provenant des
anciennes abbayes du Lys et de Maubuisson ; la châsse de
saint Romain, du trésor de la cathédrale de Rouen ; le charmant reliquaire de la sainte épine, de l'abbaye d'Oisy-le-
Verger, aux Dames Augustines d'Arras ; la grande châsse de
Saint-Taurin d'Evreux, véritable monument de l'orfévrerie
française de la fin du XIIIᵉ siècle, couvert de figures et d'ornements en argent repoussé et doré ; le reliquaire de Château-
Ponsat ; le beau vase en cristal de roche monté en argent
doré et relevé de pierres fines, ouvrage du XIIᵉ siècle, appartenant à la Société des Antiquaires de Normandie ; le chef de
saint Féréol, à l'église de Nexon ; le ciboire de la cathédrale de Sens ; la grande croix reliquaire en filigrane d'or

du musée de Rouen ; la châsse de saint Romain, empruntée au trésor de la cathédrale de Rouen ; le reliquaire de saint Pierre et de saint Paul à la cathédrale de Reims, ainsi que des collections entières de croix, crosses, monstrances, bagues, anneaux et fibules en orfévrerie des mêmes siècles.

Parmi les émaux champlevés, et en première ligne, se placent le beau tabernacle de la cathédrale de Chartres, œuvre capitale des émailleurs limousins au xiie siècle ; la grande châsse de saint Calmine de l'église de Mauzac, dans le Puy-de-Dôme ; celle du collége de Billom ; la grande plaque de Geoffroy Plantagenet, magnifique émail du xiie siècle, conservé au musée du Mans ; la châsse de Saint-Marcel (Indre). Puis viennent les reliquaires conservés par les musées du Mans, de Toulouse, la cathédrale de Troyes, par l'église de Bousbecque ; le pied de la croix de saint Bertin, ouvrage du xiie siècle, appartenant au musée de Saint-Omer ; les crosses de Poitiers, de Limoges et de Troyes ; les bassins à laver, les croix, les pyxides et tous les intéressants travaux des émailleurs français des xiiie, xive et xve siècles.

Le musée de Chartres a envoyé l'armure attribuée à Philippe le Bel et le pourpoint de Charles le Bel qui, suivant la tradition, auraient été donnés à la cathédrale de Chartres après la bataille de Mons-en-Puelle en 1304; le musée du Mans expose le couteau aux armes de Bourgogne de Charles le Téméraire et une précieuse épée du xiie siècle avec incrustations d'or et d'argent. D'autres armes, dont quelques-unes ne sont pas moins remarquables, ont été confiées à la Commission par la Société de statistique des Deux-Sèvres, par MM. Carrand de Lyon, Rochebrune de Fontenay, Benjamin Fillon et de Basilewski.

Les archives de l'Yonne, celles de la Vienne, celles du séminaire protestant de Strasbourg exposent des chartes et diplômes, et la collection sans rivale des manuscrits de M. A. Firmin Didot complète cette importante série, dans laquelle nous retrouvons le beau livre d'heures in-4° de Charles de

Bourgueville, au xvᵉ siècle ; la consolation de Boëce, manuscrit grand in-8₀ exécuté vers 1410 ; le livre des Trois-
Ages, composé sous le règne de Louis XI, par Étienne
Porchyer ; les heures de Marguerite de Rohan, aux armes
d'Orléans et de Rohan, sans oublier quelques beaux ouvrages
sur vélin de la bibliothèque de Laon, de M. Dutuit de Rouen
et de M. Ramé de Rennes.

Les tapisseries qui couvrent les murs dans toute leur longueur appartiennent à la cathédrale d'Angers et font partie de
l'importante tenture de l'Apocalypse, léguée par Réné d'Anjou
et marquée aux chiffres de Louis Iᵉʳ et de Marie de Bretagne,
ainsi qu'à ceux d'Yolande d'Aragon, mère de Réné, morte en
1442. Signalons également, avant de quitter la galerie consacrée aux œuvres du moyen âge, la figure d'ange debout
tenant la croix, retrouvée dans la chapelle du château du Lude,
par M. le marquis de Talhouet, et portant sur ses ailes l'inscription en caractères gothiques indiquant la date du 27 mars
1475, et le nom de Jehan Barbet, dit de Lion « qui fist cest
angelot. »

VII. — LA RENAISSANCE.

Si nous quittons la galerie du moyen âge pour entrer dans
celle de la renaissance qui lui fait suite, nous nous trouvons en présence de tous les élégants produits de l'art français en honneur au xviᵉ siècle, au premier rang desquels se
placent les émaux de Limoges et les faïences de Bernard
Palissy.

La collection des émaux de Limoges réunis par la Commission de l'Histoire du Travail est, sans contredit, la plus complète et la plus intéressante qui ait jamais été placée sous les
yeux du public. Les galeries particulières ont tenu à honneur d'exposer les ouvrages les plus recherchés de nos
émailleurs limousins, et l'appel adressé par la Commission
à l'élite de nos collectionneurs a été accueilli avec un em-

pressement auquel nous ne saurions trop rendre hommage.
Les grands et beaux émaux des collections de MM. les barons
James, Alphonse et Gustave de Rothschild, de Mme la baronne Salomon de Rothschild, de MM. Dutuit de Rouen, de
Basilewski, du baron de Théis, du vicomte de Tusseau, occu-
pent aujourd'hui les vitrines de la galerie de la renaissance et
un grand nombre de pièces d'un choix irréprochable ont été
envoyées par MM. le capitaine Leyland de Londres, le comte
de Reiset, d'Yvon, Davillier, le comte d'Étampes, Mme la
princesse Czartoriska, MM. Auvray, Beurdeley, Edmond
Petit, Hunt et Roskell de Londres, Gatteaux, Clément Le
Saut de Nantes, Spitzer, Lecointre Dupont de Poitiers, l'abbé
Cancto d'Auch, le comte de Saint-Pierre, Duru d'Auxerre,
B. Fillon, Ch. Stein, Roger Desgenettes, E. Leroux, Ed. Fould
et le comte d'Armaillé.

Les musées départementaux possèdent de nombreuses collections d'émaux de la renaissance ; les envois de Limoges,
d'Angers, de Saint-Omer, de Melun, de Lyon, de Lille, de
Rennes, de Poitiers et de Toulouse se font remarquer dans
cette belle série avec ceux de l'église Saint-Rémy de Reims,
de la cathédrale de Troyes, de l'église de Noroy et de Notre-
Dame de Vitré.

L'École de Limoges tout entière de la fin du xve au commencement du xviie siècle est représentée dans cette partie de l'Exposition, depuis les premiers Pénicaud jusqu'aux Jehan Limousin, en y comprenant les Colin Nouailher, le célèbre Léonard
Limousin, né à Limoges en 1505, et mort en 1577, Pierre
Reymond, son contemporain ; les deux artistes les plus
féconds de la fabrication limousine, Pierre Courtoys, l'auteur
des grands émaux du château de Madrid, conservés au musée
de Cluny, Jean Court dit Vigier, Jean Courtey, Suzanne Court
et Jean Reymond. Au milieu d'une réunion aussi complète
d'ouvrages hors ligne, choisis parmi les plus beaux spécimens d'un art qui a brillé du plus vif éclat au xvie siècle,
il serait difficile d'énumérer les pièces les plus dignes de

l'attention publique ; indiquons sommairement les triptyques de Nardon Pénicaud ; la suite des trente-deux plaques du même auteur composant la châsse de saint Loup, de la cathédrale de Troyes ; les coffrets du musée de Saint-Omer ; ceux des barons Alphonse et Gustave de Rothschild, attribués à Colin Nouailher, premier du nom ; les belles plaques du baron de Théis ; les salières de M. Dutuit ; la coupe et son couvercle appartenant à la princesse Czartoriska, ouvrages signés pour la plupart des initiales de Colin Nouailher, deuxième du nom; les grandes plaques et les portraits au poinçon des Pénicaud, attribués à Jean II et à Jean III, et appartenant à M. Le Saut de Nantes, au baron de Théis, à M. Gatteaux et aux barons James, Alphonse et Gustave de Rothschild; la nombreuse suite des œuvres signées par Léonard Limousin, ses plaques de l'histoire de Psyché, son portrait de François Ier, envoyé par M. le baron de Théis ; celui de Catherine de Médicis jeune, au baron Alphonse de Rothschild; la belle plaque ovale du même maître représentant Henri II, roi de France, à cheval et tenant en croupe Diane de Poitiers ; le portrait d'Anne d'Este, duchessse de Nemours ; ceux de Calvin, de Théodore de Bèze, d'Henri III en Jupiter, d'Erasme ; la grande figure ovale de Catherine de Médicis, au baron James de Rothschild ; le Charles IX, roi de France et l'Elisabeth, appartenant à M. Beurdeley, puis une suite de plaques signées en toutes lettres du nom de leur auteur et portant presque toujours la date de leur exécution depuis l'année 1533 jusqu'en 1575.

Les œuvres de M. Di. Pape sont moins nombreuses, mais elles sont capitales ; son grand triptyque représentant la vie de saint Jean se compose de dix plaques et porte la signature du maître; il a été envoyé par M. le capitaine Leyland de Londres ; trois autres triptyques également signés ont été confiés par M. le baron de Théis, la princesse Czartoriska et M. Dutuit de Rouen.

L'œuvre de Pierre Reymond est représentée par quatre-

vingt-dix pièces, dont plusieurs sont des ouvrages de premier
ordre; tels sont le triptyque de Bourbon, avec la légende :
Notre espoir est en vous, et la date de 1538; celui aux armes
de Philippe de Bourbon et de Louise Borgia, appartenant,
le premier au baron Alphonse de Rothschild, le deuxième
à M. de Basilewski; la belle coupe à la date de 1544, de
M. Dutuit de Rouen; celle du banquet d'Énée et de Didon
et du Triomphe de Diane à M. le baron Gustave de Rothschild;
les coupes de Loth et ses filles, signée de 1546, et de Bacchus, à la date de 1554, à M. le baron James de Rothschild; les
grands plats du triomphe d'Amphitrite et du jugement de Pâris;
la coupe de la Vertu, au baron Gustave de Rothschild; les
belles salières du baron de Théis, de la baronne Salomon, du
baron Gustave de Rothschild; la coupe du festin d'Énée et de
Didon à M. Spitzer, puis des plats, des aiguières et des bassins, provenant des mêmes galeries et portant les initiales de
Pierre Reymond avec la date de leur fabrication.

Les travaux de Pierre Courtoys ne sont pas moins nombreux,
et la série des coffrets, des coupes, des salières et des aiguières,
que nous retrouvons dans les vitrines de la salle de la renaissance et qui portent les chiffres ou l'attache de cet émailleur,
suffirait à donner une haute idée de la valeur de ses œuvres.
Tels sont : l'aiguière du musée de Lyon, le plat de Diane et
d'Apollon, à M. le baron Gustave de Rothschild; celui du festin
des dieux, daté de 1567, à M. Charles Stein ; celui de « Suzanne et les Vieillards », à M. E. Leroux ; les salières de M. de
Basilewski, celles de M. Dutuit et les coffrets du vicomte de
Tusseau.

Deux pièces importantes portent en toutes lettres la signature de Jehan Court, dit Vigier, à Limoges, en 1556 et 1557 :
ce sont, un coffret formé de cinq plaques qui représentent la
vie de Joseph, et un couvercle de coupe reproduisant le
triomphe de Neptune, propriété de Mᵐᵉ la baronne Salomon de
Rothschild et de la princesse Czartoriska.

Les ouvrages attribués à Jean Courtey sont au nombre de

quarante-deux ; ce sont des plaques à figures, le Par-
nasse, Bethsabée à la fontaine, Jason et Médée, des bassins
et des aiguières, des salières, des coffrets, des flambeaux,
provenant des collections de MM. de Rothschild, Édouard
Fould, baron de Théis, et enfin une belle horloge représentant les sujets du Nouveau Testament, qui appartient
à M. le baron James de Rothschild et qui passe, à bon droit,
pour un des chefs-d'œuvre de cet émailleur de la fin du
XVIᵉ siècle.

Suzanne Court et Jean Reymond sont représentés, l'un par
la coupe du triomphe de Diane, signée par l'auteur et appartenant à M. de Bazilewski, l'autre par la grande plaque de
saint Élisée, aux initiales de l'émailleur, et à la date de 1589.
Viennent enfin les ouvrages de Jean Limousin : plats, aiguières,
assiettes et salières, empruntés aux mêmes collections, et
surtout une belle horloge de table, de forme ovale, représentant les mois de l'année et les signes du zodiaque, extraite de
la galerie du baron Alphonse de Rothschild.

L'œuvre de Bernard Palissy et les travaux de ses continuateurs devaient occuper une place toute spéciale dans la galerie
de la renaissance française; aussi les vitrines qui leur sont
consacrées présentent-elles la collection la plus complète et la
plus choisie en ce genre ; le nombre des plats seuls dépasse
le chiffre de cinquante : plats semés de plantes et de coquilles
en relief, de couleuvres, de lézards et d'écrevisses; plats à
fonds jaspés, plats à palmettes et rinceaux en relief; plats à
salières, décorés de sirènes et de mascarons; bassins repercés
à jour avec fleurons en relief, ornés de guirlandes aux
chiffres du roi Henri II; plats à arabesques, à entrelacs;
grands plats à figures, de forme ronde ou ovale, à émaux de
couleurs, remontant presque tous aux premières années de
la seconde moitié du XVIᵉ siècle. Les coupes de toutes formes,
les buires, les hanaps, les salières, les flambeaux, les saucières
décorées de figures, de groupes, de mascarons, de feuillages
en relief, complètent cette série, avec les grands médail-

3·

lons des empereurs romains, les charmantes figurines de la
Nourrice, celles du Vielleur, aux chiffres de Marie de
Médicis, le groupe de l'Enfant aux chiens, et toute la collection
des statuettes attribuées à Palissy et à ses continuateurs.

Ici, comme pour les émaux, la Commission a reçu le concours le plus dévoué de la part de tous nos grands collectionneurs : les barons James, Alphonse et Gustave de Rothschild, madame la baronne Salomon, M. Dutuit de Rouen, le
vicomte de Tusseau, le comte de la Béraudière, le comte de
Saint-Pierre, M. de Bazilewski, ont envoyé les plus beaux
fleurons de l'œuvre de Palissy renfermés dans leurs collections, ainsi que la Société de l'histoire du protestantisme
français, le docteur Coquerel, MM. Spitzer, B. Fillon, Arondel,
Leroux, C. Davillier, la princesse Czartoriska, mademoiselle
Grandjean, M. Arthur Robert, madame Clapisson, mademoiselle Ozy et M. Grasset de Varzy.

Espérons que cette exposition d'œuvres originales, dont le
mérite consiste dans l'invention plus encore peut-être que
dans la composition et le choix des sujets, portera ses fruits,
et que les nombreux imitateurs de l'œuvre de Palissy sau-
ront enfin reconnaître l'abîme qui sépare des œuvres du maître
et de ses élèves des imitations incomplètes fabriquées de nos
jours. Imiter, ou plutôt copier aveuglément des ouvrages dont
l'originalité constitue la valeur essentielle, ne sera jamais un
progrès dans la voie de l'art industriel, et, pour nous, la reproduction des figurines et des beaux plats attribués à Palissy
ou à son école ne constituera jamais qu'une fabrication inutile,
à laquelle l'élément principal d'intérêt, l'invention, fait absolument défaut, et qui ne se rachète même pas par le mérite
de l'exécution, le plus souvent défectueuse, lourde et
empâtée.

Si les industriels intelligents qui se livrent à ce genre de
reproductions déployaient la même somme de temps, de
patience et peut-être même de talent à produire des œuvres
originales en s'inspirant du maître, sans chercher cette imi-

tation servile qui n'a ni intérêt pour l'art ni avantage pour
l'industrie, peut-être leurs études et leurs recherches seraient-
elles couronnées de succès; mais tant qu'il en sera autre-
ment, non-seulement il n'y aura pas de progrès, mais l'œuvre
accomplie, eût-elle dans le principe un certain succès de curiosité, n'aura ni valeur d'art, ni intérêt industriel, et subira
bientôt le sort qu'éprouvent toutes les productions analogues,
marquées à un chiffre élevé dans les magasins de leurs fabricants et adjugées à vil prix, comme contrefaçons, le jour où elles
franchissent les degrés de l'Hôtel des ventes. Le principal
mérite, on ne doit jamais l'oublier, dans l'industrie comme
dans l'art, consiste dans l'*invention;* aussi notre savant collègue, M. Albert Jacquemart, le disait-il récemment en excellents termes, dans une notice où il traitait des produits céramiques : « L'exposition de l'Histoire du Travail n'est pas un
défi jeté aux galeries voisines; l'idée toute paternelle qui a
présidé à cette exposition a été de mettre en relief des types
peu connus; de vulgariser les œuvres d'hommes dont les noms
sont devenus célèbres; de montrer les essais des siècles passés,
afin d'éviter au temps présent des tentatives pénibles et sté-
riles, et, à côté de quelques ouvrages qui seront éternellement
admirés, de placer les tâtonnements primitifs ; en un mot, de
faire apprécier les labeurs d'un enfantement poursuivi de
génération en génération, et de glorifier le présent en montrant
la route parcourue, le progrès accompli (1). »

A côté des œuvres de l'école de Palissy se placent naturellement les célèbres faïences d'Oiron, vulgairement appelées
faïences de Henri II. Tout le monde connaît ces poteries, dont
les prix de vente ont atteint, dans ces dernières années, des
chiffres incroyables; remarquables par une grande finesse
d'exécution, par la recherche de la forme et le plus souvent
par une ornementation d'un goût exquis, les faïences d'Oiron
ont un caractère particulier inhérent au procédé de fabrica-

(1) *Gazette des Beaux-Arts,* 1er septembre 1867.

tion, qui consiste en décors de pâtes coloriées placées par
incrustation sur une couche d'argile blanche. On a longtemps
cherché quel pouvait être l'auteur de ces pièces originales,
dont le nombre est fort restreint, et qui, pour la plupart,
sont ornées des armoiries royales et de celles de plusieurs
grandes familles de France. Un renseignement précieux, retrouvé par M. Benjamin Fillon, établit l'origine de ces faïences
d'une manière à peu près irrécusable.

« Les armoiries princières, les emblèmes royaux qui se
rencontrent si habituellement sur ces pièces, dit M. Albert
Jacquemart, portèrent à croire à l'intervention souveraine
dans cette fabrication exceptionnelle.

« Il n'en était rien pourtant; une femme de goût avait,
seule, pris l'initiative de cette création; il était réservé à
M. B. Fillon d'en faire la découverte, et le lecteur nous saura
gré de lui montrer par quels moyens ingénieux la science
archéologique procède aujourd'hui à ses enquêtes. On savait
que la plupart de ces faïences fines provenaient des environs
de Thouars; c'était un premier indice. Un jour, M. Fillon
rencontra deux miniatures arrachées du calendrier d'un livre
d'heures ayant appartenu à Claude Gouffier, grand écuyer de
France et l'un des plus riches seigneurs poitevins; la feuille
du *mois de juillet* représentait, entourée de tous les insignes
nobiliaires des Gouffier, une scène champêtre faisant allusion
à la moisson : assis sur des gerbes, les paysans prennent leur
repas; le verre à la main, une femme arrête le bras d'un voisin
sans gêne qui vide une bouteille armoriée. A cette bouteille le
savant reconnut la teinte ivoirée, les dessins bruns de la
faïence fine et l'écu des Gouffier. La lumière était faite ; diverses tournées, terminées par la visite du château d'Oiron,
prouvèrent qu'il y avait eu là, en 1529, une usine, protégée
par Hélène de Hangest, mère du grand écuyer et ancienne
gouvernante de Henri II. Un potier, François Cherpentier, y
avait établi son four, et Jehan Bernart, gardien de la librairie
d'Oiron, avait, sous la haute direction de la maîtresse du châ-

teau, dessiné la plupart des ornements répétés sur toutes les pièces. »

Ajoutons que la précieuse feuille du calendrier de Claude Gouffier, retrouvée par M. Benjamin Fillon, a été gracieusement offerte par lui, pendant le cours de l'Exposition universelle, aux collections du musée des Thermes et de l'Hôtel de Cluny, où elle se trouve aujourd'hui à la disposition de toutes, les personnes qui se livrent à l'étude des origines de nos industries nationales.

Nous avons pu, grâce au bienveillant concours reçu de toutes parts, réunir treize pièces de cette intéressante fabrication. Les unes sont de la première époque, telle que la belle aiguière, portant sur son couvercle l'écusson aux armes de Gilles de Laval, retrouvée dans les greniers du château du Lude par M. le marquis de Talhouet, et devenue la propriété de M. le baron Alphonse de Rothschild. Ce sont ensuite les trois salières de M. le vicomte de Tusseau, l'une de forme hexagonale, à cuvette circulaire, flanquée sur les angles de colonnettes cannelées que supportent des bustes en haut relief; la deuxième, décorée de pilastres aux armes de France, et la troisième couverte d'arabesques blanches sur fond brun. Ces pièces sont d'une richesse d'ornementation qui témoigne d'une grande recherche, ainsi que la belle salière triangulaire du baron Alphonse de Rothschild, dont les pieds supportent des colonnettes, et dont les faces sont décorées de portiques, sous lesquels s'abritent des figures en ronde bosse.

Une autre de ces faïences, non moins remarquable par son ornementation, provient de la collection de M. d'Yvon : c'est une salière de forme également triangulaire, présentant sur chacune de ses faces un portique surmonté d'un fronton ; les Termes, emblème de la famille des Gouffier, flanquent chacun des angles et sont supportés par des mascarons à ailettes en ronde bosse ; les arabesques les plus riches et les plus variées couvrent les fonds et accompagnent tous les détails de l'architecture. Ces dernières pièces sont d'une date moins ancienne que l'aiguière du château du Lude, et semblent appartenir à l'époque de la plus grande prospérité de la fabrique d'Oiron. Il en est de même de la coupe aux armes de France, montée sur pied à balustre et richement décorée d'arabesques qu'animent des lézards exécutés en haut relief; objet capital, confié par M. le baron James de Rothschild.

Une œuvre non moins importante, et dans laquelle le précieux de l'exécution ne le cède en rien à l'élégance de la forme, appartient encore à la même période et se fait remarquer par l'extrême richesse de sa décoration : c'est un flambeau, dont le nœud repose sur une base triangulaire rehaussée de mascarons et de modillons qui supportent trois figurines d'enfant en ronde bosse; les feuilles en relief, les coquilles, les fleurons et les têtes de lion qui décorent cette pièce, dont l'ornementation est en réserve sur fond orangé, lui donnent un aspect de richesse insolite. Ce beau flambeau provient de la collection de M. le baron Gustave de Rothschild.

Les cinq autres ouvrages de la fabrique d'Oiron, qui sont placés dans la même vitrine, appartiennent à une époque moins ancienne, et qui peut être regardée comme la troisième période de cette fabrication. Le plus important est un hanap sur pied, dont l'anse est formée par une figure d'homme aux bras étendus; cette faïence, qui appartient également à M. le baron Gustave de Rothschild, se distingue par la variété des motifs de son ornementation, dans lesquels les têtes de chérubins, les lézards et les grenouilles se détachent sur les arabesques des fonds. Ce sont ensuite deux carreaux de dallage, provenant de la chapelle du château d'Oiron, et dont l'un porte, sur un fond d'arabesques bleues, le monogramme du roi Henri II, et l'autre est à l'écu mi-parti de Gouffier et de Hangest. Ils sont conservés par M. Benjamin Fillon, ainsi qu'un médaillon chargé d'un monogramme sur fond vert, et une buire à quatre oreillettes, qui peuvent être regardés comme les derniers produits d'une fa-

brication tombée dès lors dans une complète décadence, après
avoir brillé d'un éclat sans égal.

L'intérêt qui s'attache à ces faïences dites de Henri II, la
faveur dont elles jouissent depuis bien des années auprès du
public d'élite qui s'occupe des œuvres d'art des temps passés,
les lumières nouvelles apportées récemment sur l'origine de
cette fabrication exceptionnelle, nous ont amené à sortir un
peu des bornes de la concision qui nous est imposée ; qu'il
nous soit permis de dire encore à ce sujet un mot des imitations qui commencent à se produire, et qui sont tellement en
dehors de la saine direction et de la voie intelligente, qu'il importe de les signaler. Quelques essais ont été faits par l'Angleterre, et ce sont ceux qui ont le mieux l'aspect des originaux ; d'autres pays en ont également produit, mais en oubliant
complétement que le principal mérite des faïences d'Oiron
consistait dans cette application, par le système de l'incrustation,
de dessins en pâtes de couleurs sur un fond donné. Repro-
duire en porcelaine, comme nous l'avons vu dans la section
suédoise, la grande aiguière du château du Lude, est certes
une bonne pensée ; c'est prouver une excellente propension
à retrouver dans les œuvres de tous les pays et de toutes les
époques des modèles d'un goût consacré, pour les adapter aux
usages modernes ; mais il y a malheureusement mauvais emploi de la matière et imitation péchant par un vice capital. Le
principal charme, le mérite exceptionnel de ces œuvres consistent, nous l'avons dit, dans l'incrustation des dessins, mode
d'exécution qui donnait à la pièce le caractère tout particulier
qui la distingue ; les tons étaient en outre choisis de manière
à produire un ensemble harmonieux, jamais criard, et présentant à l'œil un aspect de douceur et de délicatesse qu'on ren-
contre rarement dans les produits analogues.

Si le fabricant moderne se borne à donner à son vase la
forme exacte de l'original du XVIᵉ siècle, s'il copie ces déli-
cates arabesques qui en font la richesse et la décoration, rien

de mieux ; mais du moment où il les applique au pinceau sur
fond de porcelaine blanche, il sort de la voie et produit une
œuvre d'un ton cru, d'un aspect désagréable, qui eût fait bon-
dir de désespoir François Cherpentier, et surtout maître Jehan
Bernart, gardien de la librairie d'Oiron et l'inventeur de ces
charmantes fantaisies, s'ils eussent pu prévoir de pareilles
imitations.

Le choix de la matière est une des premières conditions
d'une œuvre d'art, nous l'avons répété cent fois dans nos
rapports sur les produits mobiliers des expositions précédentes,
et quand nous voyons, comme aujourd'hui dans la section
prussienne, exactement reproduits en fine porcelaine aux
reflets luisants et glacés, ces beaux vases en grès de Flandre et
d'Allemagne du xvie siècle, avec leurs médaillons, leurs écussons contournés et leur fière tournure si bien rehaussée par
le grain rugueux et grossier de la matière originale, nous ne
pouvons nous empêcher de regretter le temps employé à ces
travaux et de déclarer que là, plus que partout ailleurs, il y a
mauvais emploi de la matière.

Quelques faïences d'origine française occupent également
les vitrines de la galerie de la renaissance ; bornons-nous à
citer les gourdes, aux armes de France, trouvées à Chaourcel,
département de l'Aube, et appartenant au docteur Coquerel ;
un plat, aux armes de Piot, seigneur de Courcelles, de la
fabrique de Savignies, de la collection de M. de la Herche de
Beauvais ; un autre de la même provenance, aux écus de
France, de Bretagne et de Dauphiné, provenant du musée de
Beauvais ; divers ouvrages de la fabrique de Poitiers, au musée
de cette ville, et enfin les carreaux de pavage du château
d'Écouen, aux armes d'Anne de Montmorency, connétable de
France, appartenant à la grande chancellerie de la Légion
d'honneur et portant l'inscription de fabrique : Rouen, 1542.

Les verreries françaises du xvie siècle sont rares ; mais
quelques pièces d'un sérieux intérêt ont été envoyées par
MM. Benjamin Fillon et Gab. de Fontaine, de Fontenay-le-

Comte; ce sont : une coupe gravée, fabriquée en 1578 pour
Marthe Mansion de la Pommeraye, femme de Gédéon Picard,
médecin protestant de Foussay, en bas Poitou; un verre de
même fabrique, orné de trois figures de hallebardiers émaillées
sur le fond, et un verre bleu, émaillé de blanc et doré, aux
armes de la famille Taveau de Mortemer, en Poitou. M. Davillier a également exposé un beau verre à pied, portant un buste
de femme, émaillé, avec un écu d'azur au chevron d'or; enfin,
d'autres pièces d'origine et d'époque analogues proviennent
des musées de Poitiers et de Rennes.

La disposition des galeries consacrées à l'Histoire du Travail,
et la nécessité de donner un vaste développement aux vitrines
destinées à renfermer les objets précieux et à les soustraire au
contact d'un nombreux public, ont dû obliger la Commission
à resserrer dans d'étroites limites l'exposition des meubles de
la renaissance. Le musée d'Orléans, M. Nourry, de cette ville,
M. Barry, de Toulouse, ont envoyé des bahuts en bois sculpté,
de la fin du XVe siècle et du commencement du XVIe; la
crédence, qui occupe le milieu de la galerie et qui est d'un
caractère charmant, dans le style d'Androuet du Cerceau, avec
incrustations de bois et de marbres, appartient à la collection de
M. le baron Alphonse de Rothschild ; MM. Lucy, G. Gouellain
de Rouen, Robillard, Léopold Double, Héber Marini, le
baron E. de la Villestreux, ont bien voulu confier à la
Commission des meubles à vantaux, des buffets en chêne et
en noyer sculptés qui forment le mobilier de cette galerie, avec
un grand cabinet en ébène du commencement du XVIIe siècle,
appartenant à M. Beurdeley ; signalons en outre une chaise en
noyer, envoyée par M. Barry, de Toulouse ; un prie-dieu, à
madame la comtesse de Cambis-Alais, et les châsses en bois
sculpté, peint et doré, de Saint-Bohaire et de Saint-Victor,
provenant de l'église de Saint-Bohaire, dans le département
de Loir-et-Cher, et de celle de la Chaussée, dans l'Indre-et-
Loire.

Le couvercle des fonts baptismaux de l'église Saint-Romain,

de Rouen, peut être classé parmi les meubles. Sa construction
est d'une rare élégance, la forme est celle d'un dôme à huit
faces, couvertes de sculptures en haut relief, représentant les
diverses scènes de la Passion ; une lanterne, supportée par
quatre colonnes et surmontée d'un pélican, couronne le dôme,
et donne à ce petit monument un caractère exceptionnel de
légèreté et de richesse.

De nombreuses sculptures sur bois seraient à citer ; bornons-nous à indiquer un buste d'homme, en costume du commencement du XVIᵉ siècle, appartenant à M. le baron Alphonse
de Rothschild ; les grands écussons, dans le style de Germain
Pilon, provenant du palais de justice de Paris et envoyés par la
ville ; plusieurs séries de panneaux, remarquablement sculptés, provenant des collections de MM. Maillet du Boullay et
Louis Carrand ; les panneaux du couronnement de Henri III,
roi de Pologne, et de la duchesse de Nemours, propriété de
M. Achille Jubinal ; la charmante figure de la Nourrice, du
musée de Reims, reproduite tant de fois en faïence par les
successeurs de Palissy, et nombre d'objets mobiliers en bois
sculpté, extraits des musées de Saint-Lô, des collections de
la Société archéologique de Melun, des cabinets de mademoiselle Grandjean, de M. Noury, d'Orléans, du musée de Moulins, et du cabinet de M. Barry, de Toulouse. Deux bas-reliefs
en marbre méritent un mention spéciale ; tous deux sont la
propriété de M. d'Yvon : ce sont la Diane étendue et appuyée
sur le cerf, bas-relief attribué à Jean Goujon, et dont le simi-
laire existe dans les collections de l'Hôtel de Cluny, et le Satyre
enlevant les enfants, ouvrage de la seconde moitié du
XVIᵉ siècle.

Parmi les bronzes, il faut signaler le grand buste de François Iᵉʳ, appartenant à M. le baron Pichon ; celui de Jean de
Morvilliers, évêque d'Orléans, attribué à Germain Pilon, et
confié à la Commission par Mgʳ l'évêque d'Orléans ; les bustes
de Henri IV et de Marie de Médicis, à M. le comte de la Béraudière ; de beaux marteaux de portes, plusieurs bas-reliefs

à figures et les mesures d'Arques, à l'écu de France, conservées au musée de Saint-Lô.

L'exposition des monnaies et des médailles de la renaissance comprend la série des monnaies d'or de Louis XII, François Iᵉʳ, Henri II, Charles IX, Henri III, exposées par M. le vicomte Ponton d'Amécourt ; elle présente en outre un choix de médaillons, de médailles et de sceaux en bronze et en argent doré, à MM. Labouchère et B. Fillon, au musée de Rennes, à MM. Dutuit et de la Béraudière, Hucher, du Mans, et au musée archéologique de cette ville.

Les églises de Saint-Jean-du-Doigt, dans le département du Finistère, et de Plourach, dans celui des Côtes-du-Nord, possèdent deux pièces d'orfévrerie de la renaissance, qui semblent exécutées par la même main et qui sont marquées en partie du même poinçon : ce sont deux grands calices richement ornés et portant en haut relief les figures des apôtres, le tout en argent repoussé, ciselé et doré. Les patènes sont d'un travail analogue, et l'une d'elles est rehaussée d'un émail et de Chimères supportant un médaillon de François Iᵉʳ. Ces deux beaux ouvrages portent le caractère de la grande orfévrerie religieuse du xviᵉ siècle, qui se trouve en même temps représentée par plusieurs châsses et par de belles croix en argent et en cuivre repoussé et doré, envoyées par les mêmes églises, par M. le curé de Saint-Taurin d'Évreux, l'hôpital général de Limoges et par l'église de Plouvez, des Côtes-du-Nord, sans omettre un ostensoir en agate et en cristal de roche, monté en or émaillé, et qui provient des collections du musée de Bordeaux.

Mais deux monuments de premier ordre, aussi précieux par leur exécution que par les souvenirs qui s'y rattachent, figurent en première ligne dans cette importante série, et la Commission de l'Histoire du Travail a été heureuse de les mettre sous les yeux du public, grâce à l'excellent concours du haut clergé de Reims : ce sont les deux pièces des sacres des rois Henri II et Henri III, données par ces souverains à la cathédrale de

Reims, et qui ont été conservées dans son trésor. La première représente la scène de la Résurrection, avec toutes les figures de ronde bosse en argent repoussé, émaillé et doré. Le tombeau est en agate, et le soubassement, orné de pierreries et d'émaux, porte les chiffres et insignes du roi avec la légende : *Henricus secundus consecrandus huc me asportavit*, 1547. La seconde est une nef en agate montée en argent doré ; c'est le reliquaire de sainte Ursule, une des 11,000 vierges. Les figures, également en ronde bosse, sont en or émaillé ; la nef repose sur un pied qui l'isole du fleuve aux flots d'argent, et la légende, placée sur le soubassement aux armes de France, rappelle que ce reliquaire est un souvenir d'Henri III, roi de France et de Pologne, en l'année 1572.

A côté de ces précieux objets se trouvent un grand nombre d'ouvrages moins importants, mais d'une charmante exécution : des colliers, des croix, des pendeloques, des chapelets, appartenant à la princesse Czartoriska, au baron de Théis, à MM. Hunt et Roskell, de Londres ; toute une suite de bagues du XVIᵉ siècle, à M. Louis Carrand et à madame Delange ; plusieurs pièces d'argenterie à l'usage de la table, provenant de la collection de M. le baron Pichon ; la belle ceinture garnie de rosaces en argent doré conservée à la bibliothèque de Versailles, et enfin la grande aiguière avec son bassin, exécutée en argent ciselé et doré sur les dessins d'Étienne Delaulne, ouvrage aussi remarquable par la beauté du travail que par la richesse de l'ornementation et par le style des figures, envoyé de Londres par M. le capitaine Leyland, et devenu, pendant le cours de l'Exposition, la propriété de M. le baron Adolphe de Rothschild. Le somptueux coffre en cristal de roche taillé et monté, conservé par M. le duc de Mouchy, est un chef-d'œuvre d'exécution, aussi précieux par le choix des matières que par l'habileté de la main-d'œuvre; mais il ne saurait être classé parmi les produits du travail français, en raison de son origine italienne. Les souvenirs et la tradition qui s'y rattachent lui ont donné une consécration presque nationale, et c'est à ce titre seulement qu'il a pu être l'objet d'une exception toute spéciale et trouver place dans les galeries de la section française.

Des métaux précieux, si nous passons aux objets en fer, aux armes, à la serrurerie et à la coutellerie, nous trouvons le chanfrein et la selle en fer repoussé, ciselé et damasquiné d'or, provenant des collections du musée de Lyon ; l'armure aux chiffres des Montmorency, du musée de Draguignan ; les belles épées de M. Carrand, de Lyon ; celles de M. L. Double ; les poignards de MM. de Basilewski et Claude d'Auxerre ; la carabine gravée et ciselée dans le goût d'Étienne Delaulne aux armes de France et de Navarre, extraite de la collection du baron Alphonse de Rothschild ; les pistolets, cartouchières et pulvérins du musée de Rennes, de M. Double et du comte d'Armaillé ; les mors de brides de M. Dupuis-Vaillant, de Poitiers, et le précieux éperon appartenant aujourd'hui à Mme veuve Failly, bel ouvrage de ciselure et de repercé à jour. La collection des couteaux, fourchettes et pièces de table réunie par M. Foule, de Nîmes, est intéressante et nombreuse ; il convient de la signaler ici, en même temps que la gaîne contenant un poignard et deux couteaux, conservée par le duc de la Force, et qui aurait été saisie sur Ravaillac par le maréchal de la Force, son aïeul.

Le château d'Écouen est justement célèbre pour les beaux ouvrages de serrurerie qui y ont été exécutés au XVIe siècle, aussi a-t-il fourni une part importante parmi les produits de cette industrie placés dans la salle de la renaissance ; les heurtoirs, verroux et serrures sont aux armes du connétable de Montmorency et témoignent par l'originalité de leurs formes, l'élégance des dessins et l'excellente exécution, de toute l'habileté des serruriers de cette époque ; des clés d'un beau travail, des serrures, des plaques de portes historiées ont été exposées par M. Moreau, l'habile industriel qui a exécuté les portes à jour en fer forgé du pavillon impérial ; des pièces analogues de toutes provenances complètent cet ensemble, et ont été confiées à la Commission par MM. le comte de Pulligny, Voisin, Menou de Périgueux, l'abbé Cochet de Dieppe, et Julien Gréau de Troyes.

Il nous serait impossible d'énumérer ici les peintures, les miniatures, les manuscrits et les imprimés qui remplissent plusieurs vitrines dans la galerie de la renaissance; nous ne pouvons cependant passer sous silence une œuvre unique signée par *Leonard Limosin, esmailleur peintre valet de chambre du Roy;* c'est une grande peinture sur bois représentant l'incrédulité de saint Thomas, à la date de 1551. Ce tableau, qui formait sans doute le centre d'un triptyque aux grandes dimensions, provient de l'église du Queyroix et est conservé aujourd'hui dans la collection du musée de Limoges; c'est à peu près la seule peinture connue du célèbre émailleur du XVIᵉ siècle.

M. A. Firmin Didot, MM. Lanneau, Maurice Ardant de Limoges, et Benjamin Fillon, de Fontenay, ont exposé un choix remarquable de miniatures du XVIᵉ siècle; le musée de Toulouse a envoyé une série de grandes initiales historiées à la date de 1534 à 1535, et le baron Gustave de Rothschild a complété cet ensemble par les deux grands portraits équestres de François II et de Henri IV, peints sur vélin. La collection des manuscrits et des imprimés appartenant à M. A.-Firmin Didot ferait l'objet d'un catalogue tout entier; nous regrettons de ne pouvoir que les citer ici en rendant un juste hommage à leur propriétaire pour l'empressement qu'il a bien voulu mettre à confier à la Commission des trésors sans prix qui sont un des fleurons de l'exposition de l'Histoire du Travail, et au nombre desquels figurent le *Trespas de l'Hermine regrettée, Relation des funérailles d'Anne de Bretagne,* des premières années du XVIᵉ siècle; l'*Evangéliaire,* aux armes du cardinal de Mendon, et des livres d'Heures d'une richesse et d'une conservation extraordinaires. Nous devons mentionner également le beau livre manuscrit des Heures de la comtesse du Lude, du commencement du XVIᵉ siècle, retrouvé au châ-

teau du Lude par M. le marquis de Talhouet ; la grande
mappemonde sur vélin, rehaussée de personnages et d'animaux, œuvre de la fin du xvie siècle, appartenant à M. Wilfrid
Chauvin, et les envois considérables de manuscrits et d'imprimés, précieux à bien des titres, faits par M. Le Brun d'Albanne, de Troyes, le comte de Kergariou, la bibliothèque de
Poitiers, MM. Amédée Gayot, Suremin de Missery, le docteur
Aumerle, M. de Gaumecourt, par la bibliothèque de Troyes
et la Société de l'histoire du protestantisme français. Les
reliures forment à elles seules une collection complète, dans
laquelle les bibliothèques des rois François Ier et Henri II
tiennent une large place, et c'est encore à MM. Firmin Didot
et Dutuit de Rouen que nous sommes redevables de la plupart de ces chefs-d'œuvre, ainsi qu'aux bibliothèques de
Reims, d'Auxerre et de Poitiers.

Les grandes tapisseries qui garnissent les parois de la galerie et complètent sa décoration proviennent en partie de la
cathédrale d'Angers, en partie de celle de Reims. La tenture
des instruments de la Passion, placée dans la salle précédente,
et qui est postérieure à l'année 1513, porte les armes de
Pierre de Rohan, seigneur de Gié et du Verger ; celle de
la Passion se compose de quatre grands panneaux, et provient
de l'église Saint-Maurice de Chinon ; les tapisseries de Saint-
Martin, qui étaient destinées à l'église Saint-Maur et à celle
de Saint-Saturnin, étaient conservées à Toulouse ; toutes
appartiennent aujourd'hui au trésor de la cathédrale d'Angers.
La tapisserie du roi Clovis, donnée par Charles de Lorraine,
archevêque de Reims, le 2 novembre 1573, et restaurée en
1650 par Gadret de Lanoy, tapissier à Paris, est la propriété
de la cathédrale de Reims, qui a bien voulu y joindre une des
dix pièces de la tenture de Saint-Remi, données à son église
en 1531 par Robert de Lenoncourt, et l'une des douze pièces
de la tapisserie de la Vierge, don du même archevêque
en 1530 ; magnifiques ouvrages qui, avec les tapisseries moins
importantes du musée de Saint-Lô et celles de M. d'Yvon,

exécutées sur des cartons italiens, forment une suite des plus
intéressants spécimens d'une industrie en grand honneur
dans le nord de la France aux xve et xvie siècles.

VIII, IX, X. — DIX-SEPTIÈME ET DIX-HUITIÈME SIÈCLES.

La galerie française de l'Histoire du Travail, qui pouvait, en
raison de son développement, en raison surtout des conditions
de son architecture et de la disposition uniforme de ses salles,
présenter un aspect général de monotonie toujours fâcheux
dans une exposition de cette nature, a le grand avantage
d'offrir, au contraire, une variété d'effets qui se modifient à
tout instant et reposent les yeux des visiteurs; chacune des
salles affectées à l'une des grandes époques du classement
général se distingue par un caractère spécial et diffère ainsi
essentiellement de celles qui précèdent et de celles qui vont
suivre. Cet état de choses n'est point le fait d'une combinaison
plus ou moins heureuse, et il ne saurait entrer dans l'esprit
de celui des membres de la Commission qui a été plus spécialement chargé de diriger l'installation de ces galeries de
s'adresser ici un éloge indirect; il provient tout simplement
de la nature des objets qui représentent chacun des siècles
de notre histoire, et qui, par leur caractère, leur forme, leur
couleur même, diffèrent d'une manière absolue selon la
période à laquelle ils appartiennent.

Ainsi la galerie de la renaissance, qui renferme de véritables
trésors d'art dont nous n'avons pu donner qu'une faible idée,
offre de prime abord un aspect de gravité bien tranché qu'elle
doit aux meubles en bois sculpté, dans lesquels la dorure
et les couleurs brillantes font complétement défaut; les
émaux de Limoges, les faïences de Palissy même, malgré la
richesse de leur coloration, sont d'un effet calme et doux, et
cette vaste réunion d'objets produit un ensemble d'une rare
harmonie. En passant de cette galerie dans les salles consa-
crées aux œuvres des xviie et xviiie siècles, l'effet général

change entièrement; les meubles en bois noir et en marqueterie, relevés de dorures et de bronzes, remplacent les buffets en noyer; les faïences de Rouen, de Nevers, de Marseille, dont les couleurs brillantes s'enlèvent sur des fonds d'un blanc vif; les objets d'orfévrerie richement ouvragés, tout contribue à donner à cette section un éclat et un air de richesse qui caractérisent exactement les siècles qu'elle représente.

La Commission avait divisé cette deuxième partie de l'exposition de l'Histoire du Travail en trois époques distinctes : les règnes de Louis XIII et de Louis XIV, de 1610 à 1715; celui de Louis XV, de 1715 à 1775, et enfin celui de Louis XVI et la Révolution jusqu'à l'an 1800. Il était difficile, en raison de l'espace restreint, en raison surtout des exigences des dispositions matérielles, d'observer strictement et d'une manière absolue les divisions adoptées, en ce qui concerne ces dernières périodes dont les produits présentent souvent entre eux, du reste, une certaine analogie et de nombreux points de rapprochement, sinon de similitude. Nous avons dû, en conséquence, pour l'installation des meubles et des objets d'art de toute nature qui constituent cette seconde partie de la section française, adopter une distribution plus simple et qui consiste à placer les produits de ces dernières époques sous un seul et même titre : XVIIe et XVIIIe siècles, tout en conservant pour le catalogue les divisions arrêtées en principe. Cette modification, commandée, ainsi que nous venons de le dire, par des nécessités d'aménagement, avait en outre l'avantage de nous permettre de donner satisfaction à de nombreux collectionneurs, en exposant aux yeux du public par grands ensembles les objets précieux qu'ils ont bien voulu confier à la Commission, et dont les exigences d'une classification trop détaillée aurait amené l'inévitable éparpillement.

Si nous devions suivre pas à pas et pendant ces deux siècles les transformations qu'ont subies les diverses industries qui

4*

relèvent de l'art et dont l'exposition de la section française
nous offre tant de beaux et précieux spécimens ; si nous devions faire ici l'historique de toutes ces fabrications nationales
qui ont été l'une des gloires de notre pays, de ces beaux
meubles en marqueterie qui ont dès le principe placé notre
ébénisterie à un niveau que les fabricants étrangers ont toujours eu l'ambition d'atteindre sans y être encore arrivés, de
toutes les fabriques de faïences nées en France, à Nevers, à
Rouen, puis à Moustiers et autres lieux, fabriques éteintes de
nos jours, mais dont les produits ont trouvé dans ces dernières
années de nombreux et fervents admirateurs ; s'il fallait joindre
à cela l'histoire et la description de ces belles pièces d'orfévrerie religieuse et civile, de ces mille bijoux inventés par
une époque de luxe et d'opulence , ce serait un traité complet
des arts et des industries de la France qu'il s'agirait de produire.
Telle n'est pas notre mission ; et quel que soit l'intérêt qui s'attache à ces questions qui sont aujourd'hui l'objet des études
et des recherches de bien des érudits, nous devons rester dans
les limites qui nous sont tracées.

Ici, comme dans chacune des sections précédentes, le concours des collectionneurs et leur empressement à seconder les
efforts de la Commission a été unanime ; aussi les résultats obtenus ont-ils dépassé toutes les prévisions. Les grands meubles du
musée de Poitiers en ébène incrusté de cuivre ; le bureau du
duc de Mouchy, rehaussé de bronzes dorés ; les médaillères, les
bureaux, les tables, les commodes et encoignures aux panneaux
de laque, envoyés par M. le baron Lepic ; les meubles en vernis,
de M. d'Yvon, ceux de MM. Double et du baron A. de Rothschild,
de M. Spitzer, sont des ouvrages d'ébénisterie de premier ordre et dont l'étude a d'autant plus d'intérêt pour nos fabricants
que, à raison de leur forme et de leur disposition, ces beaux
meubles des XVII⁰ et XVIII⁰ siècles rentrent dans le cadre et
dans les proportions de certaines habitations modernes.

Les monuments de la sculpture de ces deux derniers siècles
sont tous les jours sous les yeux du public, dans nos musées.

nos collections nationales et dans les palais impériaux; mais
les galeries particulières renferment un grand nombre d'œuvres de nos sculpteurs français qu'il y avait un véritable intérêt à faire connaître, et dont les dimensions plus restreintes rendaient le déplacement moins difficile. Telles sont la
figure de Neptune, marbre signé de Pajou, et celles des
quatre Saisons, appartenant à M. Beurdeley ; le Louis XIV debout et terrassant l'Envie, groupe signé par Gobert en 1692
et conservé dans la collection de M. d'Yvon ; telles sont encore les charmantes figures de la Baigneuse, de Falconnet, et
son groupe de Pygmalion daté de 1761, qui proviennent de
la même collection ; le buste de jeune fille attribué à Pigalle
et confié à la Commission par Mlle Grandjean ; les statuettes exposées par M. Spitzer, parmi lesquelles une belle
figure d'enfant portant l'inscription : *Galland fecit*, 1785 ;
un buste signé Houdon 1786, provenant du musée d'Aix, et
toute une collection de groupes en marbre, de pendules et de
vases, appartenant à M. Léopold Double, à MM. Dutuit de
Rouen, Bourgeois, Spitzer, ainsi qu'à M. d'Yvon.

M. le baron Roger, MM. de Lafaulotte, Dutuit, Strauss et
Beurdeley, le baron Lepic, ont envoyé de grands et beaux
bronzes du temps de Louis XIV, les figures équestres
du roi, le groupe de Laocoon et des statuettes de la même
époque; MM. Dreyfus et le comte de la Béraudière exposent divers ouvrages analogues exécutés sous les règnes de
Louis XV et de Louis XVI.

Les objets mobiliers, bronzes d'ameublement, pendules,
garnitures de cheminées, vases montés, appliques, occupent
plusieurs grandes vitrines dans les quatre dernières salles et
présentent un ensemble fertile en enseignements pour l'industrie moderne. Les collections de MM. Léopold Double, de La
Faulotte, du comte de la Béraudière et du vicomte Clerc ont
une réputation européenne et se distinguent par le choix
irréprochable des objets des xviie et xviiie siècles qu'elles renferment aussi bien que par leur parfaite conservation.

Grâce à l'obligeance de ces amateurs distingués qui ont bien voulu mettre à la disposition de la Commission de l'Histoire du Travail les nombreuses richesses réunies par leurs soins, grâce aux envois faits par d'autres collectionneurs, la série des objets d'ameublement de ces dernières époques brille d'un éclat exceptionnel; les grandes vitrines consacrées aux collections de M. Double renferment une variété d'objets de toutes formes, de tout usage, des temps de Louis XIV, de Louis XV et de Louis XVI; celles de MM. de la Béraudière et de La Faulotte se rattachent plus particulièrement à la dernière période et se recommandent par la finesse et l'élégance du dessin autant que par la précision de la main-d'œuvre. Les bronzes dorés de M. le vicomte Clerc ne sont pas moins remarquables et témoignent du goût parfait qui a présidé à leur réunion. Mentionnons aussi la collection de M. Spitzer à laquelle une vitrine tout entière a été réservée dans la dernière salle de la section française et qui présente un choix d'ouvrages de premier ordre, la plupart du temps de Louis XVI, marbres, bronzes, statuettes, figurines, dans lesquels nous retrouvons toutes les recherches d'exécution qui distinguent d'une façon si caractéristique les ouvrages du dernier siècle.

Quelques beaux instruments de musique, des harpes, des guitares, musettes et lyres ont été envoyés par MM. d'Yvon, Max Steiner de Munich, Baur, Nollet et Sevenier; il convient de signaler également le clavecin d'Hans Ruckers d'Anvers, en 1655, retrouvé au château de Perceau près Cosne et appartenant à M. Lavignée, ainsi que celui de M. Jacques Herz, signé par le même facteur à Anvers en 1636, restauré par Pascal Taskin à Paris en 1787, puis remis au diapason normal en 1866. Citons aussi, pour compléter la série des objets mobiliers, les horloges, pendules et cartels de M. le baron de la Villestreux, de M. Roger Desgenettes, du baron Lepic, du baron Jérôme Pichon, de M. A. Pottier de Rouen, du baron Laurenceau, de Mme de Sampayo; la magnifique horloge à

gaîne de M. le comte de Chauveau ; celles de M. le baron A.
de Rothschild, du duc de Mouchy ; celles de M. Double, de
M. Hersent, de Mme la comtesse de Cambis-Alais ; l'horloge astronomique à mouvement apparent de M. Lemire
d'Évreux ; les cartels, en bronze doré, du vicomte Clerc ; les
horloges à musique de M. Double et du comte de Beaussier,
et enfin le buffet-horloge de Lepaute, appartenant au duc
de Mouchy.

L'orfévrerie française des XVIIe et XVIIIe siècles est en
grande faveur de nos jours, et les pièces importantes qui ont
pu échapper aux hasards des révolutions et à la dispersion
des fortunes sont très-recherchées par les amateurs. La Commission a pu en réunir un grand nombre, et elle a été puissamment secondée par M. le baron Jérôme Pichon, qui
non-seulement a bien voulu lui prêter le concours de ses
études toutes spéciales, mais qui s'est dessaisi d'une partie de sa collection qui passe à bon droit pour une des
plus notables en ce genre ; ce sont des croix, des calices,
des ostensoirs, appartenant aux règnes de Louis XIV,
Louis XV et Louis XVI ; des pièces d'argenterie de toutes
formes pour le service de table, une magnifique soupière,
des sucriers, des coupes, des cafetières, des flambeaux
des mêmes époques, des écuelles, des plateaux, des salières, la plupart portant la date de leur fabrication et les
poinçons des orfévres du temps, parmi lesquels nous retrouvons les noms d'Étienne Balagny et d'Outrebon en 1709 ; de
Crochet, à Versailles, 1720 ; de Viardot, en 1712 et 1719 ; de
Linguet, en 1720 et 1728 ; d'Antoine Bertin et de Croze, en
1724 ; de Rigal, en 1729 ; de Rémy Chatria, en 1737 ; de
Thomas Germain et de Lenhendrit, son élève, en 1747 ; de
Chéret, en 1762 et 1766 ; de Charvet, orfévre du duc d'Orléans ; ceux d'Allain, en 1758 ; de Villeclair, en 1762 ; puis
ceux de Denis Franckson, orfévre de la Trinité, aux dates de
1770 et 1782 ; de R.-J. Auguste, à la même époque ; d'Har-
chier fils, en 1771 ; de Nicolas Delannoy, en 1772 ; de Jac-

ques Favre, en 1797; de Roettiers, en 1770; de François Go-
guely, en 1783, et enfin les marques d'Antoine Dutry, orfèvre
des Gobelins, en 1784, et de Bouilli, en 1787.

Dans l'orfévrerie religieuse, il faut mentionner la chapelle
complète, en argent fondu, ciselé et doré, du temps de
Louis XIV, composée de neuf pièces aux armes de France;
une garniture analogue, comprenant une croix et six chandeliers, appartenant au vicomte d'Aigneaux; celle de la cathédrale de Troyes, aux armes de Colbert; puis, dans la série des
objets de table, la belle soupière et son plateau, les flambeaux
et les salières de M. le comte de Pontgibault; les grandes soupières de M. de La Faulotte, de Mme la comtesse de Cambis-
Alais; celle en plaqué de M. A. Darcel, les écuelles, nécessaires
de toilette, réchauds, en argent gravé et ciselé, du comte de
la Béraudière, de M. Maillet du Boullay, de M. Delamarre, du
comte de Saint-Pierre, de M. Séchan, du comte de Gourgues,
du comte de Maleisye, de M. Spitzer, de Mme Achille Jubinal; les argenteries de MM. d'Yvon, Patrice Salin, du vicomte de Pulligny, du comte d'Armaillé, de MM. Fouquet de
Sinceny, Charles Davillier, Léopold Double et de Saint-Albin.

La collection des coffrets et des boîtes montés en or et en
vermeil est une des plus complètes qu'il soit possible de
réunir, et il nous serait difficile d'énumérer les bijoux de
toute espèce, les boîtes en cristal de roche, en émail, en vernis
Martin, les boîtes ornées de miniatures et de pierres précieuses, les colliers, les pendants d'oreilles, les croix, les
broches, les montres que renferment les vitrines de ces dernières salles. Le duc Georges de Mecklembourg, le duc de
Mouchy, le comte de La Rochefoucauld, duc de Bisaccia,
M. Double et M. Édouard Fould, en nous confiant les trésors
qu'ils possèdent en ce genre, ont fait de leur réunion une des
séries les plus précieuses de l'exposition de l'Histoire du Travail; de nombreuses richesses de même nature ont été envoyées
par la plupart des collectionneurs dont nous avons déjà cité
les noms, par MM. Hunt et Roskell, de Londres, par Mme la

marquise de Fénelon, le baron de Girardot, la princesse
Czartoriska, MM. Édouard André, le vicomte de Saint-Pierre,
MM. Dutuit, Singer, Voisin, Feral Cussac, Maze, de la Herche,
Robillard et Nadault de Buffon. Une collection de montres,
des mêmes époques, remplit à elle seule toute la face d'une
des vitrines centrales, c'est celle de Mme d'Hargeville, qui
a exposé cent cinquante des plus beaux échantillons de ces précieux bijoux. Toutes ces montres, dont plusieurs sont conservées avec leurs châtelaines, garnies des breloques et des
cachets du temps, sont rehaussées d'émaux, de pierres fines, de
rubis et d'émeraudes, et beaucoup sont signées des noms des
plus célèbres horlogers du XVIIIe siècle ; charmante réunion
que complètent un grand nombre de bijoux analogues, appartenant à M. le comte d'Estampes, au baron Jérôme Pichon, au
vicomte de Saint-Pierre, à MM. Hunt et Roskell, au comte
de Laubespin, au comte de Gourgues, à MM. Fernand Girau-
deau, Voisin et Le Brun d'Albanne, de Troyes.

De beaux ouvrages en cuivre repoussé, du temps de
Louis XIII et de Louis XIV; des vases en étain; des travaux
en fer damasquiné, ciselé, gravé ; des pièces de serrurerie,
envoyées par le musée de Bordeaux, l'hôpital de Limoges,
MM. Lucy, Gaudelet et de la Grange, par MM. Moreau, Fichet,
Cinot, Ernest Sevenier, Mme Achille Jubinal ; des armes
de la collection de M. E. Pelouze, de celles de M. L. Double,
de M. Baudry, de Rouen, de M. Juste, du comte d'Estampes ;
et enfin des pièces de coutellerie conservées par le comte
de la Béraudière, Mme Hippeau, le comte de Gourgues, par
MM. Thiac et Voisin, complètent la série des ouvrages en
métal produits sous ces derniers règnes, et dont la plupart
témoignent de la haute habileté pratique qui caractérisait
toutes les industries dans lesquelles l'art devait intervenir.

L'École de Limoges, qui nous a fourni cette collection si
remarquable des émaux de la renaissance, se retrouve encore
au XVIIe siècle, mais bien pâlie et bien décolorée, dans les ouvrages de Léonard II Limosin, dont le musée de Limoges et

M. Ch. Davillier ont envoyé plusieurs échantillons, et dans
ceux de H. Poncet, de Jacques Ier Laudin, appartenant au
comte de Reiset et à la princesse Czartoriska ; signalons encore
les plaques de Jean II Laudin, à M. J. Gréau de Troyes, à
l'abbé Cancto, vicaire général d'Auch, au docteur Coquerel et
au curé de Saint-Taurin d'Évreux ; les coupes de Nouailher à
MM. Hunt et Roskell et divers émaux de la même époque,
propriété du musée de Rennes, des collections du baron de
Théis et de M. Léopold Double ; puis, enfin, les travaux de
Nicolas Laudin, ceux de Pierre et de Baptiste Nouailher, les
derniers représentants de l'École limousine et d'un art qui
avait été si brillant pendant deux siècles et dont les produits
sont recherchés aujourd'hui par le monde entier.

Les faïences françaises des xviie et xviiie siècles sont, depuis
quelques années, l'objet de la convoitise de nombreux collectionneurs, et ces beaux produits, longtemps délaissés, ont
atteint aujourd'hui et dépassent souvent la valeur des plus
belles pièces de la renaissance.

Les anciennes fabriques de Rouen, celles de Nevers fondées
par les Conrade au xviie siècle, celles de Moustiers, de Marseille,
de Rennes et de Strasbourg, sont activement recherchées ; des
collections importantes se sont formées et les ouvrages de nos
anciens faïenciers, conservés dans nos musées, imités par l'industrie moderne, reproduits sous toutes les formes pour les
usages de la table et pour la décoration des appartements, ont
été pour la fabrication une mine inépuisable d'enseignements
pendant ces dernières années. Parmi les collections départementales, le musée céramique de Rouen et celui de Nevers
tiennent le premier rang en ce qui concerne les produits de
ces deux fabriques ; le musée de Rouen dirigé par le regrettable M. André Pottier, qui a été enlevé si promptement aux
arts et à l'étude des temps passés pour lesquels il professait un
culte profond, renferme un choix complet des pièces de la
fabrication rouennaise à ses diverses époques et présente, à ce
titre surtout, un intérêt incontestable pour l'histoire du pays.

La Commission de l'Histoire du Travail ne pouvait entreprendre la tâche de donner l'aperçu historique de toutes les fabriques françaises ; elle devait se borner à rechercher quelques-uns des plus beaux produits de ces diverses fabrications et les mettre sous les yeux du public comme points de comparaison avec les industries étrangères. Le musée de Rouen et plusieurs amateurs de cette ville, parmi lesquels nous citerons MM. Gouellain, Hurtrel d'Arboval, de Bellegarde, de Glanville, l'abbé Colas, Alfred Baudry, Delaunay et Dutuit, ont exposé les produits des diverses époques de la fabrication rouennaise, parmi lesquels nous trouvons deux coupes à la date de 1647, la grande sphère et le globe terrestre peints par Pierre Chapelle en 1725, les bustes des Saisons, des aiguières, des vases, des plats, des flacons, des bouteilles décorées, soit en couleurs, soit en dessins bleus sur fond blanc, et dont plusieurs portent les noms d'auteurs avec la date de l'exécution. La fabrique de Nevers est représentée par les envois du musée de cette ville et de celui de Moulins, par ceux de M. du Broc de Seganges, secrétaire général de la Nièvre, de Mme Frasey, de MM. Benjamin Fillon, de Fontenay, et Martin, de Nevers ; des collections tout entières, réunies avec un goût sûr et une parfaite connaissance de l'art et des industries céramiques, ont été gracieusement mises à la disposition de la Commission par leurs propriétaires, telles que celles de M. Maillet du Boullay et de M. Aigoin, qui embrassent les produits de toutes les fabriques françaises aux XVIIe et XVIIIe siècles; celle de M. Ch. Davillier, plus spéciale pour les faïences du midi de la France, de Marseille et de Moustiers, celles du docteur Aussant, à Rennes, de MM. Perilleux-Michelez, Leroux, Édouard André et d'Yvon. Nous voudrions citer également les noms de tous les collectionneurs qui ont bien voulu prêter un concours efficace en se dessaisissant des pièces importantes de nos fabriques françaises ; mais le nombre en est grand ; signalons cependant le beau vase de Rouen, appartenant à M. Bigle ; les faïences de même origine, exposées par MM. Morel, Letellier

de La Fosse, Maze, Courtois et le docteur Coquerel ; celles de
Nevers, conservées par MM. Achille Jubinal, de Liesville,
le comte G. de Soultrait, Beurdeley; celles de Paris, à MM. Patrice Salin et Paul Gasnault, et enfin celles de Strasbourg, de
Bordeaux, de Clermont, de Sinceny, de Vaucouleurs, de Sceaux,
d'Apt, provenant des collections de MM. Alexandre Léon,
Grange, Fouquier, Lucy et de M.{me} la marquise de Fénelon.

Les premiers essais de la porcelaine tendre française sont
représentés par quelques pièces recueillies par M. A. Jacquemart, l'érudit et consciencieux historien des industries céramiques, qui a bien voulu apporter à la Commission le précieux concours de ses recherches, ainsi que par MM. Édouard
Pascal, Paul Gasnault, Ch. Davillier et la marquise de Fénelon. Les porcelaines de Vincennes, celles de Sèvres, forment
un ensemble considérable, grâce aux collections de M. Double, du comte de la Béraudière, de M. Ch. Davillier, de
M.{me} la comtesse de Cambis-Alais, et aux nombreux envois
faits par le comte de Saint-Pierre, M.{lle} Grandjean, le duc
de Mouchy, M. Amédée Thayer, la marquise de Grimaldi,
MM. Corbyn, d'Yvon, Gustave Boulard, de La Marre et Beurdeley.

De beaux groupes en biscuit, confiés par M. le comte
de Saint-Pierre, M.{lle} Alice Ozy, M. Benjamin Fillon, les
docteurs Coquerel et Lanjevin ; et de notables échantillons des fabriques de Chantilly, de Mennecy-Villeroy, de
Lille, de Sceaux, de Limoges, de Paris, de Bordeaux, de
Marseille et d'Orléans, complètent l'importante suite des
porcelaines françaises, qui s'arrête à la fin du xviiie siècle
avec la fabrique de Valenciennes dont d'intéressants et
nombreux spécimens ont été empruntés à la collection du
docteur Lejeal.

La verrerie française, dont nous avons retrouvé de rares et
précieux produits de l'époque de la renaissance, ne présente plus aux xviie et xviiie siècles que quelques pièces

d'un travail plus commun ; nous mentionnerons cependant une
aiguière de verre opale agatisé et un verre à boire rehaussé
d'or, fabriqués en Poitou et appartenant à M. B. Fillon , qui
conservent encore les traditions d'une meilleure époque, ainsi
que des hanaps et des verres de forme élancée, envoyés par
M. Delaunay de Rouen.

Les miniatures sont en nombre ; nous devons nous borner
à n'en citer que quelques-unes, telles que le portrait de Marie
de Médicis, à la princesse Czartoryska, et l'Adoration des mages,
à M. Le Brun d'Albanne, de Troyes ; le portrait de Turenne,
ceux de Mlle de Fontanges , du cardinal de Clermont-
Tonnerre, appartenant à MM. Maze et Gréau de Troyes ;
signalons encore les manuscrits et les imprimés des mêmes
époques, extraits des collections Firmin Didot et Dutuit, de
celles du vicomte Pouton d'Amécourt, de M. Gielen de
Maeseyck ; de belles reliures du commencement du xviiie siècle, à la bibliothèque d'Auxerre, à l'abbé Delaunay, à
MM. Firmin Didot, Dutuit et Double ; des pièces de gaîneric,
des dentelles et guipures, des broderies, conservées par
Mme la marquise de Grimaldi, M. de la Sicotière d'Alençon,
Mme Achille Jubinal, l'abbé Gordière, curé de Marchemont,
Mmes Borsetti, Leguay et Mlle Grandjean ; puis un très-curieux
triptyque en broderie, signé Pierre Vigier en 1621 et envoyé
par M. Laforge de Lyon ; de grands panneaux exécutés au
point, appartenant à M. Beurdeley, et enfin les chasubles de la cathédrale de Reims, celles du sacre des rois
Louis XIII et Louis XIV, et les ornements sacrés de la char-
treuse de Villeneuve-lez-Avignon , conservés aujourd'hui
dans l'hôpital de cette ville. Il convient également de mentionner une collection importante d'étoffes apportées par le
musée d'art et d'industrie de Lyon, des tissus de satin bro-
ché, des lampas, des gros de Tours, des draps d'or brodés en
chenille, des velours tissés à figures, et, pour terminer, une
suite non moins intéressante d'échantillons des premières
toiles peintes de la manufacture de Jouy, fondée par Ober-

kampf en 1760, datés de 1770 à 1789 et conservés par
Mme Labouchère, petite-fille du grand industriel.

Les costumes de l'homme, aux différentes époques, forme-
raient une collection aussi curieuse qu'utile à consulter ; malheureusement, la nature même du vêtement, le long usage qui
en est fait le plus souvent, les mille transformations qu'il su-
bit, du plus riche au plus pauvre, avant d'être mis au rebut,
les insectes qui s'emparent des étoffes de laine abandonnées
par nous, sont autant de causes de destruction ; aussi les habil-
lements, si nombreux, si riches quelquefois, si variés de
coupe et dont il serait intéressant d'avoir pu conserver les
formes exactes, sont-ils d'une extrême rareté, et devons-nous
recourir aux manuscrits et aux peintures du temps, toutes les
fois que nous voulons des renseignements précis à ce sujet. Il
n'en est pas tout à fait de même pour les chaussures, d'une
nature plus durable, en raison des peaux et des tissus qui ont
servi à leur fabrication à toutes les époques, en raison peut-
être aussi de leur volume plus restreint et moins encombrant ;
aussi, un jeune artiste, d'un goût sûr et d'un talent éprouvé,
s'est-il appliqué à rechercher tous les éléments pouvant
servir à reconstituer, sur des documents précis et originaux,
cette partie essentielle de la mode. La collection de M. Jules
Jacquemart présente d'excellents échantillons en ce genre,
des souliers d'homme et de femme, à hauts talons, ornés de
piqûres et de broderies, aux bouts carrés du temps de
Louis XIII, des mules en cuir fauve, des souliers aux talons
rouges, des chaussures à patins, des sabots découpés à jour,
d'autres à double enveloppe, garnis de patins en bois ; ce sont
ensuite les chaussures en cuir noir, bouclées sur le côté, du
règne de Louis XIV ; les souliers de satin chargés de fleurs
brodées et de rubans, des souliers de femme en daim
gris brodé en noir ; puis les petits souliers plats à hauts
talons et à brides, aux bouts pointus et relevés du temps de
Louis XV, les uns en gros de Tours, les autres en taffetas de
couleurs diverses, d'autres en satin brodé, couverts de lacets

et de galons d'argent ; des mules avec des patins à quartiers
de cuir noir et de maroquin rouge ; tous les caprices de la
mode sont là, dans leurs formes les plus élégantes et les plus
originales; collection vraiment précieuse à bien des points de
vue, justement appréciée par les artistes, en raison des renseignements qu'ils peuvent y puiser, et qui a amené bien des
sourires sur les lèvres des élégantes visiteuses du Champ-de-
Mars.

Les éventails sont, de tous les attributs de la toilette des
femmes, ceux qui relèvent le plus directement du domaine de
l'art ; nés d'un caprice de la mode et merveilleusement appro-
priés à la parure des dames de la cour et de la ville, ainsi
qu'aux exagérations du luxe de ces deux derniers siècles, ces
charmants objets, qui sont heureusement encore en grand
honneur de nos jours, dont nous pourrions, du reste, retrouver l'origine dans l'antiquité, et pour lesquels le flabellum de
Tournus nous offre un modèle parfait dans les premiers siècles
du moyen âge, ont joui sous les règnes de Louis XV et de
Louis XVI d'une faveur toute spéciale, grâce sans doute au
concours apporté à leur fabrication par des artistes de talent
qui n'ont pas cru déroger en se livrant à l'exécution de ces
élégantes fantaisies.

Leurs œuvres sont très-recherchées aujourd'hui et les
éventails de ces deux derniers siècles font l'objet d'un commerce important à Paris, en même temps qu'ils servent de
types et de modèles pour la plupart de ceux que produit l'industrie moderne.

La vitrine qui leur a été réservée à l'exposition de l'Histoire
du Travail ne pouvait en contenir qu'un nombre restreint en
raison des exigences de l'espace disponible. Nous en avons
exposé trente-six, et tous d'une conservation irréprochable. Il
nous suffira de citer celui du mariage symbolique de Louis XV
et de Marie Leczinska, aux armes de France et de Pologne ;
celui de l'histoire de Psyché, provenant de la collection de
M. Voisin ; ceux de MM. Vannier et Duvauchel ; la collection

de M. Duvelleroy ; les beaux éventails de M. le baron Jérôme
Pichon et du docteur Piogey ; ceux du comte d'Estampes, du
comte de Beaussier, de Mme Furtado, de Mme Dubois et de
M. Thiac.

Ici, comme dans les salles réservées aux époques antérieures, de grandes tapisseries à figures, d'origine française,
couvrent les murs et les cloisons de séparation ; bornons-nous,
en terminant cette revue de la section française, à signaler les
grands panneaux de la collection de M. d'Yvon, du règne de
Louis XIII ; ceux du château de Bernières, dans l'Orne, à
M. Ridel de Vimoutiers ; la grande tenture de six pièces, d'après
les cartons de l'école de Lebrun, appartenant à M. Garanger ;
le panneau aux armes de Colbert, à M. le comte de Chauveau ;
celui du château de Saint-Germain, à M. Minot, de Saint-Jean-
d'Angély ; la tapisserie à l'écu de France sur fond d'azur
semé de lis d'or, de M. Bretonneau ; citons également les cinq
grandes pièces des fables de La Fontaine, signées par Oudry en
1730, exécutées à Beauvais et envoyées par M. de la Herche ;
les tentures d'Audran, de la manufacture des Gobelins ; celles
de Desportes, reproduites par Leblond en 1753, appartenant à
MM. Bellenot et Léopold Double ; la tapisserie de l'histoire de
Psyché, d'après Boucher, au capitaine Leyland, en même temps
que toute une suite de panneaux, de portières, de rideaux et
de cantonnières des mêmes fabriques d'après les compositions
de Coypel, de Boucher et autres maîtres du xviiie siècle,
propriété de MM. Maillet du Boullay et Léopold Double.

En terminant ce rapide examen de l'exposition française,
et avant d'aborder la collection des monuments historiques,
qui en est le complément, et de jeter un coup d'œil sur les
sections étrangères, il nous sera permis de remercier une
fois de plus, au nom de la Commission de l'Histoire du
Travail, tous les collectionneurs dont la confiance, le zèle
et la bienveillance l'ont si puissamment secondée dans la
tâche qu'elle s'était imposée ; de rendre grâce au clergé
français qui, mû par un noble sentiment de patriotisme, n'a

pas hésité à répondre au premier appel qui lui a été adressé
et à dégarnir au profit de tous, pendant plusieurs mois, les
trésors de nos églises des richesses qui leur appartiennent ;
d'être en même temps son organe auprès des administrations
municipales et des directeurs des collections et des bibliothèques publiques des départements, dont le concours a
été aussi empressé qu'il était unanime, sauf de bien rares
exceptions depuis longtemps oubliées, pour assurer le succès
d'une œuvre toute nationale et aussi intéressante au point de
vue des souvenirs du temps passé que fertile en enseignements
pour l'industrie contemporaine.

L'Exposition de 1867 portera ses fruits, on ne saurait le
nier ; et si elle a eu pour effet incontestable de montrer une
fois de plus' la supériorité de notre pays, au passé comme au
présent, dans toutes les industries qui relèvent de l'art et dans
lesquelles le bon goût, l'élégance de la forme, le choix de la
matière et la perfection de la main-d'œuvre sont les conditions
essentielles du succès, elle sera en même temps, n'en doutons
pas, un puissant stimulant aussi bien qu'un gage certain de
succès pour l'avenir.

CHAPITRE III.

COLLECTION DES MONUMENTS HISTORIQUES DE FRANCE.

Les chefs-d'œuvre de la sculpture et de la peinture, des
arts secondaires qui en relèvent et des industries qui s'y rattachent, sont, pour la plupart et sauf de rares exceptions, d'un déplacement et d'un transport facile ou tout au moins praticable.
Les monuments de l'architecture seuls se trouvent exactement
rivés au sol ; et cependant, s'il est un art dont la place soit
marquée dans une exposition qui a pour but de résumer l'histoire du travail de l'homme pendant les siècles passés, c'est
certainement celui dont il n'est possible de juger les efforts,

les progrès successifs et les brillants résultats que par des
reproductions graphiques.

L'exactitude la plus minutieuse, la précision des détails,
l'habileté de l'exécution, sont aujourd'hui les qualités domi-
nantes dans les dessins de nos architectes ; et cependant,
quelle qu'en soit la perfection, l'on ne saurait nier que les plus
belles reproductions ne donnent jamais qu'une idée plus ou
moins incomplète de l'aspect d'un édifice, du moment où, pour
isoler l'œuvre originale et l'abandonner à ses qualités propres,
il y a eu obligation de la détacher du centre au milieu duquel
elle s'élève, de lui enlever le côté pittoresque qui la caractérise
le plus souvent, de la dépouiller enfin de ce glacis du temps
auquel elle doit presque toujours cette harmonie qui lui donne
tant de charmes à nos yeux. Telles sont les conditions imposées par la force des choses à toute publication d'architecture, à tout recueil du même genre, à toute monographie monumentale.

La collection des monuments historiques de France est une
éclatante exception à cette règle générale, et les conditions
dans lesquelles elle a été formée et se complète tous les
jours, le talent éprouvé des architectes dont la Commission impériale des monuments historiques s'est assuré le concours dès le principe, en ont fait une œuvre à part qui nous
est enviée par toutes les nations de l'Europe et qu'il y avait
un véritable intérêt à mettre sous les yeux du public.

La conservation des monuments historiques, déclarée d'uti-
lité publique depuis l'année 1840, est placée sous l'égide de
l'État et dans les attributions du Ministère de la Maison de
l'Empereur et des Beaux-Arts. Une Commission spéciale, dont
les membres sont nommés par décret de l'Empereur, est appelée à donner son avis sur toutes les questions qui touchent
à la conservation et à la restauration de nos monuments, à leur
classement et à la répartition des fonds nécessaires pour pré-
server ou réparer ceux qui appartiennent à l'État, ou pour
venir en aide aux départements, aux communes ainsi qu'aux

particuliers lorsqu'il s'agit d'édifices classés comme intéressant l'histoire de l'art en France. Toutes les fois que ce classement est demandé, le monument dont il s'agit est l'objet
d'une sérieuse étude de la part des architectes choisis par la
Commission, et aucun édifice ne peut être inscrit sur la liste
des monuments historiques sans que des notices descriptives,
plans, coupes, élévations et détails de son architecture, aient
permis d'en apprécier la valeur. C'est la réunion de ces précieux documents, conservés à la surintendance des Beaux-Arts,
qui forme la vaste histoire monumentale de la France, connue
sous le nom de Collection des monuments historiques, et qui
a été mise par S. Exc. le Ministre de la Maison de l'Empereur
et des Beaux-Arts à la disposition de la Commission de l'Histoire du Travail pour l'Exposition universelle de 1867.

Cette collection embrasse, nous l'avons dit, tous les monuments anciens qui existent sur le sol de la France, et qui, en
raison de leur architecture ou des souvenirs historiques qui
s'y rattachent, ont été jugés dignes d'être classés et placés
dès lors sous l'autorité immédiate et sous la sauvegarde de
l'État ; elle est immense par conséquent, et si elle avait dû
être exposée dans son ensemble, le local tout entier réservé à
l'Histoire du Travail eût été plus qu'insuffisant. Un choix sévère
a dû être fait dès lors dans les cartons des monuments historiques, parmi les édifices qui caractérisent plus spécialement les
diverses époques de l'architecture française, surtout parmi
ceux qui sont les moins rapprochés de Paris, et, par conséquent, moins connus de la plus grande partie des étrangers
que cette exposition pouvait intéresser plus particulièrement.
Les dessins extraits des cartons affectés à la monographie de
chaque édifice ont été mis sous verre et placés, suivant les
siècles auxquels appartiennent les monuments qu'ils représentent, dans le promenoir couvert du jardin central, contigu à
la galerie de l'Histoire du Travail, et dont ils couvrent les
murs dans toute la longueur de la section française.

Les monuments exposés sont au nombre de cent cinquante-

5*

sept, formant ensemble une collection de plus de trois cents
grands dessins à l'aquarelle, qui présentent pour la plupart
avec les plans, coupes et élévations, de nombreux détails d'exécution et des vues perspectives. L'architecture de l'antiquité,
époque impériale, en comprend neuf : l'amphithéâtre et le
théâtre d'Arles, par M. Questel ; le pont Flavien de Saint-
Chamas, par M. Révoil ; la porte Saint-Marcel, de M. Manguin ; le pont du Gard et le château d'Eau de l'aqueduc de
l'Eure, par MM. Questel et Laisné ; la porte d'Auguste à
Nîmes, les temples d'Auguste et de Livie, à Vienne, dans
l'Isère, par M. Questel ; l'aiguille de Vienne, par M. Constant
Dufeux, et la porte Saint-André d'Autun, par M. Viollet-
Le-Duc.

L'architecture religieuse de l'époque romane et des temps
de transition ne présente pas moins de soixante-dix monuments, parmi lesquels nous remarquons, après l'église de
Châtel-Montagne, celles de Cognat et de Saint-Désiré, dans
l'Allier, appartenant toutes trois au XIIe siècle ; l'abbaye de
Montmajour, dans les Bouches-du-Rhône ; l'abbaye aux Dames
de Caen ; l'église de la Souterraine, dans la Creuse ; Saint-
Saturnin de Toulouse ; l'abbaye de Saint-Germer, dans l'Oise ;
Saint-Martin d'Ainay, à Lyon ; Saint-Philibert de Tournus ;
Saint-Salvi d'Alby, et toute une série d'édifices non moins
intéressants, dont les études ont été exécutées par MM. Aba-
die, Aymar Verdier, Boeswillwald, Darcy, Garrez, Laval,
Lisch, Manguin, de Mérindol, Millet, Questel, Viollet-Le-Duc,
ainsi que les peintures du temple de Saint-Jean, à Poitiers,
et celles des cryptes de la cathédrale d'Auxerre, reproduites
par M. Denuelle.

Trente-huit monuments ont été choisis pour représenter
l'époque ogivale dans l'architecture religieuse : ce sont, pour
n'en citer que quelques-uns, la Sainte-Chapelle de Paris,
dont la restauration, commencée par M. Duban, et continuée
par M. Lassus, se poursuit et s'achève aujourd'hui sous l'habile direction de M. Boeswillwald, inspecteur général des mo-

numents historiques; l'église abbatiale de Saint-Denis, confiée aux soins de l'éminent architecte M. Viollet-Le-Duc; l'église d'Eu, dans la Seine-Inférieure ; celles de Vernouillet, dans le département de Seine-et-Oise, de Notre-Dame de Laon, de Saint-Nazaire de Carcassonne ; l'abbaye d'Ourscamps, dans l'Oise ; les églises de Montier-en-Der, dans la Haute-Marne, celles de Bagneux, de la Ferté-Bernard ; la chapelle de Saint-Germer de Beauvais; la salle synodale de Sens ; ce sont encore les vitraux de la Sainte-Chapelle de Paris, dont les dessins de M. Steinheil donnent les plus étonnants *fac-simile*.

Un seul édifice de la renaissance représente l'architecture religieuse au XVIe siècle : c'est l'église de Tillières, dans le département de l'Eure, dont les plans, coupes et détails ont été relevés par M. Lambert.

La cité de Carcassonne a droit à la première place dans la section de l'architecture militaire, et l'ensemble des études de son état actuel et de sa restauration ne comporte pas moins de vingt-six grands dessins. Ce beau travail, exécuté par M. Viollet-Le-Duc, et dans lequel nous retrouvons les plus précieux souvenirs de l'architecture militaire depuis le VIIe jusqu'à la fin du XIIIe siècle, est depuis plusieurs années en voie d'exécution et deviendra bientôt l'une des restaurations les plus complètes et les plus intéressantes qui aient été entreprises jusqu'à ce jour sous la direction de la Commission des monuments historiques.

Nous devons mentionner également dans l'architecture militaire les dessins du château de Falaise au XIIe siècle, exécutés par M. Danjoy ; ceux de la grande cheminée de Pierrefonds, de M. Ouradou ; la monographie du mont Saint-Michel, du XIIe au XVe siècle, par M. Devrez ; celle de la tour Bichat, détruite aujourd'hui, et dont les fragments sont conservés au musée des Thermes et de l'Hôtel de Cluny ; les belles études du Palais des papes au XIVe siècle, et celles des remparts d'Avignon, dont la restauration, poursuivie par M. Viollet-Le-Duc, constituera bientôt une sérieuse garantie contre les invasions

du Rhône, en même temps qu'elle restitue à cette ville importante le caractère d'originalité qui la distinguait, et que con-
sacrent tant de souvenirs historiques.

Dans la dernière série, celle de l'architecture civile, nous
avons à signaler la maison romane de Saint-Gilles, dans le
département du Gard; l'hôtel de ville de Saint-Antonin, construit au XIIe siècle, dans le Tarn-et-Garonne; le palais des
comtes de Troyes au XIIIe siècle; celui des ducs de Lorraine,
à Nancy, et l'hôtel de ville de Compiègne, au XVe siècle; l'hôtel de ville et les anciennes maisons d'Orléans, bâties au
XVIe siècle, et dont les dessins de M. L. Vauvoyer interprètent
si bien l'élégante architecture; la belle monographie du château de Blois, magnifique résidence qui porte encore toutes
les traces de son illustre passé, et dont la restauration,
accomplie et menée à bonne fin en quelques années par
M. Duban, avec le concours de la Commission des monuments historiques, restera comme l'une des œuvres les plus
justement appréciées du savant architecte. Viennent ensuite,
et toujours au XVIe siècle, l'hôtel de ville de Beaugency,
dans le département du Loiret; le château de Nantouillet,
dans Seine-et-Marne, objet des études de M. Davioud; les
maisons de Rouen, celles de Viviers, dans l'Ardèche, de
Troyes, dans l'Aube, et enfin, pour clore cette dernière
section, qui ne doit pas s'étendre au delà des limites du
XVIIe siècle, signalons en terminant les grandes peintures
de Romanelli, exécutées à la Bibliothèque impériale de
Paris, ainsi que le plafond du cabinet de Sully à celle de
l'Arsenal, dont les dessins de MM. Jules Frappaz et Gode-
bœuf offrent d'excellentes reproductions.

Avant de fermer l'album des monuments historiques dont
nous n'avons pu exposer, comme nous le regrettions plus
haut, que des fragments épars, mais qui, pour répondre aux
besoins de l'étude, ont pu être classés suivant le caractère ar-
chitectural des édifices en même temps que d'après l'époque
assignée à leur construction, nous devons jeter un dernier

coup d'œil sur un travail important que, en raison de l'exiguïté de l'espace disponible, nous avons dû placer dans le vestibule de la grande artère qui sépare les salles de la renaissance de celles réservées aux XVIIe et XVIIIe siècles.

C'est un vaste plan en relief de la restauration des tombeaux de l'église abbatiale de Saint-Denis, exécuté par M. Villeminot, sous la direction de M. Viollet-Le-Duc, architecte de ce monument.

Tout le monde sait les profanations dont les tombeaux de Saint-Denis ont été l'objet à la fin du siècle dernier, les déplacements qu'ont eu à subir ces précieux monuments, dont la plupart sont l'œuvre de nos sculpteurs les plus éminents, les voyages qu'ils ont dû faire de Saint-Denis à Paris, où le couvent des Petits-Augustins, heureusement transformé en musée de l'Etat, leur offrait un asile en assurant leur conservation, puis enfin leur retour à Saint-Denis par suite de la suppression du nouveau musée et de la dispersion des monuments qu'il renfermait. — Des dispositions prises à ce moment et se rattachant aux projets d'une restauration inintelligente, dont la conception ne peut trouver un semblant de justification que dans le peu d'estime que certains esprits semblaient affecter de professer alors pour les monuments de l'ère gothique et les souvenirs de l'architecture nationale, avaient amené de graves modifications dans la réalisation des plans primitifs.

Il appartenait à notre époque de faire justice de ces erreurs et d'entreprendre à nouveau la restauration de cet important édifice, de remettre en lumière les grands et beaux monuments funéraires de François Ier et de Henri II, qui sont la gloire de la sculpture française, et de restituer à chacun des mausolées enlevés à l'église abbatiale, dans des jours néfastes, la place qui lui appartenait. Le plan de M. Viollet-Le-Duc, interprété par M. Villeminot, et qui n'a pas moins de quatre mètres de côté, donne une idée exacte des travaux en cours d'exécution et déjà presque terminés. Il témoigne en même temps du soin qui préside à la restauration de nos monuments et des études dont chaque partie d'un édifice est l'objet de la part de l'architecte chargé d'en assurer la conservation.

L'exposition rétrospective n'était pas complète, comme nous le disions en commençant, si l'architecture des siècles qui nous ont précédés ne s'y trouvait pas représentée. Cette lacune n'existe plus pour la section française, et la collection des monuments historiques nous a permis de mettre sous les yeux du public et des érudits de tous les pays les édifices appartenant à chacune des époques de notre histoire qui sont disséminés sur tous les points de nos anciennes provinces et qui font l'admiration des étrangers. Si l'architecture d'un pays, ainsi qu'on l'a dit souvent, est étroitement liée à son histoire, elle a une connexion bien plus intime encore avec les arts qui en relèvent, et qui, presque toujours, en sont les auxiliaires indispensables. Le rapprochement des produits de ces arts et des monuments de notre architecture nationale présentait donc un intérêt incontestable pour leur étude collective, en même temps qu'il réalisait une des conditions essentielles du programme que s'était imposé la Commission de l'Histoire du Travail.

CHAPITRE IV.

SECTIONS ÉTRANGÈRES.

Nous avons dit que la plupart des contrées d'Europe avaient répondu à l'appel de la Commission de l'Histoire du Travail, et que les collections envoyées par le royaume-uni de la Grande-Bretagne et d'Irlande, par l'Autriche, les Pays-Bas, le Portugal, la Suède et la Norwége, ainsi que celles des Principautés Roumaines, de l'Espagne, de l'Égypte et de l'Italie, étaient dignes de fixer l'attention publique.

Le peu d'espace réservé aux produits de chaque pays, les risques des transports, les difficultés de toute sorte que rencontrait le déplacement d'objets précieux, ont, dans bien des cas, paralysé les efforts des Commissions établies à l'étranger ; les résultats obtenus ont néanmoins été considérables, et parmi les objets exposés, il en est qui sont du plus haut intérêt pour l'histoire de l'art pendant les siècles qui nous ont précédés.

ROYAUME-UNI DE LA GRANDE-BRETAGNE ET D'IRLANDE.

La Commission anglaise s'est trouvée en présence de grandes difficultés, nous le répétons, par suite des risques que pouvaient courir certains objets précieux, et surtout du refus de concours qu'elle a éprouvé de la part des Compagnies d'assurances.

Elle est parvenue, malgré tout, à compléter une exposition remarquable dans son ensemble autant que recherchée dans ses moindres détails. Tous les objets exposés ont été classés avec un soin judicieux, et les meilleures dispositions ont été prises pour les mettre, de la manière la plus convenable et la plus commode pour l'étude, sous les yeux du public. Elle nous permettra de rendre ici un hommage bien sincère aux efforts qu'elle a dû faire pour arriver à un aussi brillant résultat et pour l'excellent concours qu'elle a apporté à cette œuvre internationale.

Le royaume-uni de la Grande-Bretagne et d'Irlande a suivi dans le classement de ses envois une méthode absolument analogue aux divisions adoptées pour la section française, en commençant par les instruments en silex des terrains d'alluvion et l'âge de la pierre. La deuxième époque comprend les objets antérieurs à l'invasion des Romains dans les Iles Britanniques : c'est l'âge du bronze, représenté par une série de haches, de marteaux, de cognées, de fers de lances trouvés dans les fouilles faites sur divers points du royaume, par des anneaux et des pièces de harnachement, portant encore les traces d'émaux appliqués sur le bronze. La troisième, celle de la domination romaine, se produit avec ses ustensiles en fer et ses poteries fabriquées en Angleterre ; viennent ensuite les deux périodes suivantes, depuis le départ des Romains jusqu'à l'invasion des Normands en 1066, dans lesquelles figurent des ouvrages en métal précieux, des torques et des fibules en or, appartenant à l'Académie royale irlandaise, des bijoux envoyés par le collége de la Trinité de Dublin, la cloche de Saint-Patrick, garnie de plaques en filigrane d'or, au révérend docteur Todd; des bagues et brassards d'or, ainsi que des casques d'origine anglo-saxone, exposés par lord Fitzhardinge, MM. Smith Forster et Robert Curzon.

L'invasion des Normands est le point de départ de la sixième période, qui expire avec la dynastie des Plantagenets en 1485; Ce sont le Kensington Museum, le collége d'Oxford et le British Museum qui ont fait en partie les frais de cette série avec le chandelier en bronze doré de Gloucester, fabriqué par ordre de l'abbé Peter vers 1104, le coffret attribué à Aymer de Valence, et les médaillons en cuivre émaillé aux armes de l'abbaye cistercienne de Sainte-Mary-as-Warden, du XIVe siècle; c'est également dans cette section que se trouvent les trois belles crosses d'origine irlandaise, dont l'une, en bois relevé d'ornements en bronze, est regardée comme le bâton pastoral de saint Carthage, premier évêque de Lismore, de 1112 à 1113; la deuxième, d'un travail analogue, appartient également au XIIe siècle, et la troisième, en argent doré et émaillé, est ornée de figures et porte la date de 1418. Ces précieux monuments sont la propriété du duc de Devonshire, de l'Académie royale irlandaise et de Sa Grandeur l'évêque Butler.

La masse en argent de l'université de Glascow, datée de 1465; une salière en argent doré de la fin du XVe siècle, donnée au collége d'Oxford par Walter Hill, en 1493; des vases et des coupes montés en même métal, du XVe siècle, complètent cette partie de l'exposition anglaise, avec quelques figures d'échecs en dents de morse, qui datent de la fin du XIIe siècle et des bijoux en or du XIIe au XVe. Mentionnons aussi une collection de seize casques, dont quelques-uns paraissent provenir de monuments funéraires, et de pièces d'armures des XIIe, XIIIe, XIVe et XVe siècles, envoyés par le Musée royal d'artillerie de la

Tour de Londres, le comte de Warwick et l'honorable Robert Curzon.

La vaisselle d'or et d'argent, les ouvrages en métal précieux, les objets de joaillerie représentent la période de la dynastie des Tudors, de 1485 à 1603. Cette collection se compose de trente et quelques pièces, aiguières, coupes, vases, salières, calices, bagues et médaillons, prêtés par S. M. la Reine, le musée de Kensington, le Pembroke College de Cambridge, celui du Corpus Christi à Oxford, le chapitre de Winchester, la corporation de Norwick, la Compagnie des merciers, celle des marchands tailleurs, et quelques collectionneurs, parmi lesquels nous retrouvons les noms du baron Lionel de Rothschild et de M. Philip Howard de Corby.

Ce sont encore la vaisselle de table et les objets en métal précieux qui dominent sous la dynastie des Stuarts, pendant la huitième période qui commence à 1603 pour se terminer en 1714. Une table en argent repoussé, au monogramme de Charles II, d'énormes chenets en argent doré, de même provenance, d'autres au chiffre de Guillaume III; appartiennent à la couronne et ont été exposés, avec divers objets précieux d'origine analogue, par S. M. la Reine; quelques grandes pièces d'orfévrerie, des bassins à rafraîchir, des aiguières, des flacons, des chandeliers ont été envoyés par le musée de Kensington, le duc de Manchester, le comte de Warwick, le comte Spencer, le comte de Chesterfield, le comte Cowley, ainsi que par les corporations d'York, de Norwich, de Bath, de Morpeth, les Compagnies des drapiers, des poissonniers, des charpentiers et plusieurs notables amateurs anglais.

Nous devons citer encore dans cette série les belles miniatures de Peter Oliver, de Samuel Cooper, d'Hosckins, de Thomas Fletmann, de Bernard Lens, puis quelques armes extraites, comme pour les périodes précédentes, de la collection de la Tour de Londres, bien connue de toutes les personnes qui visitent l'Angleterre, ainsi qu'un certain nombre d'imprimés qui sont tirés des casiers de la bibliothèque publique du British Museum.

La maison de Hanovre jusqu'à Georges III (1714 à 1760) et les années écoulées depuis le règne de ce prince jusqu'en 1800, forment les deux dernières sections de l'exposition anglaise, et, comme dans les séries précédentes, ce ne sont que pièces d'orfévrerie et de vaisselle de table, ouvrages en métaux précieux, dans lesquels la valeur de la matière, il faut bien le reconnaître, ne remplace pas toujours l'excellence de la forme et le goût du dessin. Les surtouts de table en argent, les bouteilles et les bouilloires en vermeil, les aiguières, les coupes, les soupières, les plateaux, les pièces de table, qui, pour la plupart, appartiennent à S. M. la Reine, les imprimés qui sont empruntés au British Museum, de charmantes miniatures, des montres apportées par le musée de Kensington et par quelques collections particulières, garnissent les dernières vitrines et forment le complément de cette importante collection, dans laquelle nous avons à signaler, en outre, une suite de quarante pièces de porcelaine de la fabrique de Chelsea, quelques échantillons de celles de Derby, de Liverpool, de Pinxton, de Plymouth, de Wedgwood et de Worcester, ainsi qu'une suite de gravures du xviiie siècle prêtée par le British Museum, et destinée à faire connaître les progrès de l'art en Angleterre pendant cette dernière période.

L'exposition anglaise de l'Histoire du Travail forme donc un ensemble important dans lequel les métaux précieux et les pièces d'argenterie des basses époques occupent le premier rang; mais la Commission anglaise, on le voit par le court exposé qui précède, a largement puisé dans les musées de l'État, dans les collections royales et dans les bibliothèques publiques de Londres. Bien loin de nous la pensée de lui adresser le reproche indirect d'avoir ainsi simplifié sa tâche et d'avoir apporté en France ces remarquables monuments du passé ; cependant, c'est un fait que nous devions constater, en présence de la résolution prise par la Commission française, et rigoureusement poursuivie jusqu'au dernier moment, de conserver intactes ses collections publiques, et de ne rien emprunter aux musées de la Couronne et de l'État, non plus qu'aux Palais impériaux et aux Bibliothèques publiques de Paris.

EMPIRE D'AUTRICHE.

L'espace réservé à l'empire d'Autriche dans la section de l'Histoire du Travail est bien restreint, puisqu'il se réduit à une seule et unique salle, de proportions fort exiguës ; et cependant la Commission de cet empire a trouvé moyen d'en faire une des collections les plus brillantes sur lesquelles nous ayons à appeler l'attention publique.

En raison du peu d'espace dont elle disposait, la Commission autrichienne ne pouvait songer à rentrer dans les exigences d'un classement méthodique, difficile du reste à tous égards en raison des éléments divers des nationalités qu'elle représente. Elle a dû se borner, comme elle a pris soin de l'annoncer elle-même, à exposer quelques-unes des pièces les plus saillantes de ses collections publiques, de celles surtout qui pouvaient montrer le développement des arts dans les provinces allemandes et hongroises de l'empire, en se recommandant par les souvenirs historiques autant que par la beauté de l'exécution.

La vitrine consacrée aux cristaux de roche, et qui occupe le milieu de la salle, ne renferme pas moins de vingt-trois vases, d'un travail merveilleux et la plupart d'une taille colossale, avec leurs montures en or émaillé, exécutées aux XVIe et XVIIe siècles par des artistes d'origine allemande ou italienne. Ces beaux ouvrages, dont la matière première est originaire de la Bohême et de la Saxe, sont presque tous d'une grande élégance de formes ; mais les dimensions insolites de ces pièces et l'habileté avec laquelle les artistes du temps ont tiré parti des morceaux de cristal de roche qu'ils mettaient en œuvre font l'objet de l'admiration de tous. Il faudrait citer chacun de ces beaux vases ; mentionnons du moins ceux qui se recommandent entre tous par la beauté des formes et le précieux de l'exécution : tels sont, la grande fontaine à trois biberons ornée de gravures, avec sa monture en or émaillé ; l'aiguière, avec son couvercle monté en argent doré, portant la date de 1652 et le monogramme de l'empereur Ferdinand III; le beau vase aux Sirènes, avec ses gravures et sa monture en or émaillé et repercé à jour ; la tasse à deux anses, en cristal gravé ; le broc garni en argent doré, et dont la panse est couverte de fruits gravés ; le vase du triomphe de Bacchus, avec ses anses figurées par des Sirènes et sa garniture en or émaillé ; une charmante corbeille de forme allongée, ornée de gravures; et enfin le surtout de table, dont les diverses parties sont reliées entre elles par une monture émaillée à fleurs découpées à jour. Tous ces magnifiques produits sont la propriété du trésor impérial d'Autriche, auquel nous devons rendre grâce pour le lustre que leur réunion a donné à cette partie de l'Exposition.

La vitrine consacrée aux armes appartenant à la grande collection impériale et à celle de l'Arsenal n'est pas moins digne de fixer l'attention, en raison de la beauté exceptionnelle des pièces qui la composent et de l'esprit judicieux qui a présidé à leur choix

Ici, comme pour les cristaux de roche, nous regrettons de ne pouvoir citer que quelques-unes de ces pièces parmi les plus remarquables : l'arquebuse à rouet, portant sur sa crosse l'aigle impériale incrustée de nacre, ouvrage précieux à la date de 1733, décoré sur le canon et sur la platine des figures de Diane et de ses attributs, gravés et dorés ; celle inscrite sous le numéro 25, à canon rayé et plaqué d'argent avec trophées, figures et ornements rehaussés d'émaux, œuvre de David Altenstatter d'Ausbourg, dans les premières années du xviie siècle ; une autre couverte d'ornements ciselés sur fond doré, avec les figures de la mythologie, et rehaussée de plaques d'ivoire gravé, exécutée au commencement du xviie siècle et portant le monogramme H B. Dans la série des arquebuses, mentionnons encore celle aux armes de Pologne et de Suède, et au monogramme de Hans Lenker, du commencement du XVIIᵉ siècle, arme d'une richesse exceptionnelle, décorée d'incrustations en ivoire, et qui provient de la collection d'Ambras. L'arbalète de l'empereur Ferdinand Iᵉʳ, ornée des figures de Mars et de Mercure, de scènes de chasse et d'incrustations d'ivoire, porte les blasons de la maison de Habsbourg ; il faut signaler aussi les belles armures de la collection d'Ambras, les langues de bœuf, le cimeterre à la lame champlevée et au fond doré, qui rappelle celui de la collection du vicomte de Courval ; des boucliers et des chanfreins repoussés et damasquinés d'or de la fin du XVIᵉ siècle ; des targes en fer gravé et doré ; le glaive à poignée d'ivoire ou d'os de narval, arme de la fin du XVᵉ siècle, d'une forme exceptionnelle comme élégance et comme force ; des épées, des sabres, des couteaux de chasse des XVIᵉ, XVIIᵉ et XVIIIᵉ siècles ; des pistolets à rouet, dont plusieurs aux monogrammes de leurs fabricants ; des haches d'armes et des pièces d'armement et d'équipement.

Une troisième vitrine est consacrée aux porcelaines de la fabrique de Vienne, dont la collection appartient à la princesse de Dietrichstein, et dont les produits les plus anciens ne remontent pas au delà des premières années du XVIIIᵉ siècle. Ceux que la Commission autrichienne doit à la bienveillance de la princesse, et qui font partie d'un service exécuté pour sa famille, sont d'une époque plus récente encore, et leur fabrication date du commencement de ce siècle ; nous devons nous borner à les mentionner, en passant à la grande vitrine consacrée à la collection des bijoux et des objets précieux de toute sorte exposés par le Musée hongrois de Pesth, et dont la plupart appartiennent aux XVᵉ, XVIᵉ et XVIIᵉ siècles.

Ces beaux ouvrages d'art, d'origine hongroise, se composent principalement de pièces de bijouterie, de parures, de colliers et de bracelets ; les époques antérieures y sont, en

outre, représentées par une série d'objets de haute antiquité,
tels que le grand collier de bronze, des plaques de même métal dont l'exécution est inachevée, une épée dont la lame est en
fer avec une poignée de bronze, puis une collection de bagues
en or, de colliers, de bracelets recueillis en partie à Osztropataka dans ces dernières années, et en partie à Kalocsa, sur
les bords du Danube, les premiers remontant au milieu du
troisième siècle, si l'on en juge par une médaille de Herennia
Etruscilla, femme de l'empereur Decius Trajanus, trouvée au
même lieu et en même temps, les autres à l'époque byzantine
et aux siècles qui l'ont suivie.

Il est très-curieux, comme le dit le savant M. Henszlmann
dans une excellente notice publiée dans la *Gazette des Beaux-
Arts* sur l'art hongrois à l'Exposition universelle, de rapprocher les objets de ces deux trouvailles de ceux qui ont été
exhumés dans d'autres contrées et qui appartiennent aux
mêmes époques. « A côté du tombeau d'Osztropataka, découvert en 1865, on avait, sur la fin du siècle précédent, fouillé
une autre tombe, dont le contenu, faisant aujourd'hui partie
du Musée impérial de Vienne, était encore beaucoup plus
riche. Dans l'un et dans l'autre de ces tombeaux, on a mis au
jour, avec des pièces d'un travail plus ou moins barbare, de
véritables objets d'art grec et romain. Parmi ces derniers, il
faut compter les plaques en argent estampé et doré qui or-
naient les chaussures d'une jeune fille ensevelie. Toutes ces
choses précieuses témoignent de rapports commerciaux entre
les Romains et les peuples barbares habitant la Hongrie du
nord, et ce commerce ne peut s'expliquer que par le désir
qu'avaient les premiers de posséder l'opale, qui, d'après un
passage de Pline, était tirée d'un pays dont elle fait encore
aujourd'hui la richesse (1). »

Les fragments de la couronne byzantine trouvés à Nyitra-
Ivanka, en Hongrie, rehaussés d'émaux et attribués au xiᵉ siècle;

(1) *Gazette des Beaux-Arts*, t. XXIII.

le sceptre orné de lames d'argent, et les antiquités du
XIIe siècle découvertes près de Cassovie; les bijoux en filigrane
du XVe et du XVIe siècle, trouvés sur les bords du Danube et à
Bude; des vases appartenant au XVIe siècle; toute une suite de
gobelets, de coupes montées sur pieds, figurant les unes des
animaux chimériques, les autres des oiseaux; des salières, en
argent doré, forment le complément de cette première série,
à laquelle vient s'ajouter la collection des bijoux de la même
époque et des siècles suivants, des bandeaux et des chaînes
rehaussés d'émaux, des ceintures et des pièces de parure de
toute sorte, aussi originales de forme que précieuses pour
l'histoire du costume national, et qui donnent une haute idée
de l'habileté des orfévres hongrois des XVIe et XVIIe siècles, en
même temps qu'elles se distinguent par un caractère tout spécial d'élégance et de richesse.

La collection du Musée national de Pesth, comme celle du
Trésor et des collections impériales de Vienne, est remplie
d'enseignements pour l'étude de l'art et pour celle de l'histoire, et l'on ne saurait trop rendre hommage à la pensée
élevée qui a présidé à l'organisation d'une exposition aussi
complète, quand on pense surtout que la plus grande partie
des objets qui composent chacune de ces séries sont d'une
valeur inappréciable, de nature à donner des craintes sérieuses
sur les incertitudes d'un déplacement et sur les chances d'un
aussi long voyage.

ROYAUME D'ESPAGNE.

Nous espérions rencontrer en Espagne quelques précieux
échantillons de ces belles industries de Tolède, si prospères
aux temps du moyen âge et de la renaissance, mais notre
attente a été trompée; un seul monument rappelle la splendeur
du passé : c'est l'épée exposée avec une cotte de mailles, et
que l'on regarde comme l'épée du Cid : « Espada Valenciana
del Cid Campeador, — dit l'inscription, — fui encontrada con

este Camison de mallas en un sepulcro de un convento de la
Ciudad de Burgos el ano de 1838. »

Des haches en silex, des fragments de vases en terre, découverts dans la caverne de la Cueva Lobrega, en Vieille-Cas-
tille; des ossements travaillés, trouvés au même lieu par
M. Louis Lartet, à la collection duquel ils appartiennent;
des pics, des hachettes, des ustensiles et outils en fer et en
bronze, des chaînes en fer, des lampes en terre, un grand
vase en plomb, des urnes et des amphores en terre représentent les premières époques. Nous n'avons rien à dire, au
point de vue de l'Histoire du Travail, des autographes, titres,
chartes, qui sont exposés dans les vitrines du milieu de la salle
espagnole ; rappelons seulement les charmantes réductions
du palais de l'Alhambra et de ses détails d'architecture,
si merveilleux de variété et d'élégance dans leurs dispositions.

Mais il importe de signaler un trophée du XIVe siècle, précieux par les souvenirs historiques qui s'y rattachent, et dont
les diverses pièces sont d'un art exquis : c'est le harnachement
du cheval que montait Mahomad, en 1331, au siége de la
ville de Castro el Rio. C'est là, dit la légende, « que le noble
don Martin Alonso de Cordova, seigneur de Montemayor et de
Fernand Nunez, entra avec soixante-dix hommes à cheval et
peu à pied, se battant avec un tel courage que, quoiqu'il en
soit sorti avec de grandes blessures, les Maures, effrayés de
sa bravoure, levèrent le siége. Pour ce singulier exploit, les
descendants de don Martin portent sur les armes de Cordova
celles du roi maure. » Ce beau trophée, propriété du duc
actuel de Fernand Nunez, et pieusement conservé dans sa
famille comme le souvenir de la gloire et de l'illustration d'un
de ses ancêtres, se compose de la têtière du cheval, avec le
fronton et les jugulaires, de la bande de poitrail, des étriers,
des boucles de harnachement et des pendants de courroies.
Toutes ces garnitures sont couvertes de plaques en bronze
doré avec des dessins arabes en relief ainsi que des applica-

tions d'émaux de couleurs, et forment un ensemble d'une grande élégance et d'une curieuse exécution.

Nous pouvons citer également, avant de quitter cette section, un astrolabe d'origine arabe, fabriqué à Tolède en 1067 et appartenant à la bibliothèque nationale de Madrid, quelques meubles, des coffrets avec applications en cuivre estampé, d'autres en ivoire avec figures sculptées en relief, un meuble décoré de plaques d'ivoire gravées, tout en ajoutant que plusieurs de ces objets pourraient être revendiqués par l'Italie, et ne peuvent figurer qu'à titre d'emprunt dans la galerie de l'Histoire du Travail espagnol.

ROYAUME DE WURTEMBERG.

La Prusse et les États de l'Allemagne du Nord ne se sont fait représenter, dans l'espace qui leur était réservé à l'exposition de l'Histoire du Travail, que par quelques modèles en plâtre relevant de la classe des beaux-arts, par la collection des photographies du comte Minutoli, par des cartons de Cornélius, dont la place était également dans une autre galerie, et par un plan en relief non moins déclassé. Nous regrettons vivement cette abstention; la Prusse est riche en souvenirs des siècles passés, qui eussent dignement complété la brillante exposition de ses industries modernes.

Un lustre en cristal de roche, appartenant à M. Spingel, de Munich, est le seul objet exposé par la Bavière. Il provient des princes évêques de Salzbourg, et ne remonte pas au delà du XVIIe siècle.

La collection des charrues et des instruments aratoires envoyés par M. Louis Rau, de Carlsruhe, se compose de modèles d'une exécution moderne, il est vrai, mais forme un ensemble fort intéressant. Ces petits spécimens, habilement travaillés, sont au nombre de cent quatre-vingt-six, et occupent une grande vitrine dans la section réservée au royaume de Wurtemberg.

Une autre vitrine lui fait face, et renferme un certain nombre d'objets anciens, parmi lesquels on peut citer quelques ustensiles en silex taillé ; des bois de renne portant les traces du travail de l'homme, retrouvés à la source dite Schnussenguelle, et appartenant à la première période ; plusieurs fragments de l'époque lacustre provenant des stations du lac de Constance ; des bracelets et des anneaux en bronze trouvés dans un tombeau, près Unterflingen, dans l'arrondissement de Freudenstadt ; des armes, des agrafes et des anneaux en bronze, provenant des fouilles de Grostissen, dans le district de Saulgau, et enfin des empreintes de sceaux du moyen âge et de la renaissance.

Une chapelle portative à trois volets, sorte de grand triptyque de la fin du xve siècle, surmonte cette dernière vitrine. On l'attribue, pour les sculptures, à Jorg Surlin aîné, et pour les peintures, à Bartoloméo Zeithlom, d'Ulm ; mais l'œuvre de ces artistes a subi de nombreuses restaurations qui dénaturent complétement son caractère.

CONFÉDÉRATION SUISSE.

La Suisse s'est bornée aux premières époques, et son exposition comprend, outre les objets originaux recueillis par quelques savants collectionneurs, plusieurs tableaux modernes destinés à donner au public une idée de ce que pouvaient être les villages lacustres et les habitations sur pilotis, ainsi que des trophées présentant la restauration des armes et ustensiles dont on retrouve les nombreux fragments dans les fouilles opérées depuis quelques années sur les bords de ses lacs. Les collections originales, les seules qui aient un intérêt incontestable, ont été divisées par la Commission suisse en trois séries distinctes, désignées sous les titres de l'âge de la pierre polie, celui du bronze et l'époque helvétienne. M. le docteur Clément de Saint-Aubin dans le canton de Neuchâtel, M. le colonel Schwab de Bienne, MM. J. Meissikommer de Wetzikon

dans le canton de Zurich, le professeur Desor de Neuchâtel, le
docteur Uhlmann de Münchenbuchser, M. G. Ritter, ingénieur,
à Neuchâtel, ont envoyé un grand choix d'objets appartenant
à ces trois séries et parmi lesquels on remarque un nombre
considérable de curieux spécimens des premières périodes
du travail humain. Les haches emmanchées en bois de cerf,
les pointes de lances et de javelots, les outils, les ustensiles
divers, les vases en bois de cerf et en os, les polissoirs, les
meules pour les instruments en silex, se retrouvent dans la
première de ces divisions; les lames d'épée, les anneaux, les
bracelets, les boucles de ceinture, les haches, les hameçons, les
épingles, les fers de lance en bronze constituent la seconde;
l'époque dite helvétienne est représentée par une collection de
pièces analogues, presque toujours en fer, et dont la plupart
ont été reretrouvées dans la station lacustre de La Tène, du
lac de Neuchâtel.

Nul ne songerait à mettre en doute l'intérêt tout spécial qui
s'attache aux souvenirs de ces premiers temps; mais les monuments des âges primitifs, il faut bien le reconnaître, ne sau-
raient constituer à eux seuls l'histoire d'un pays, de ses arts,
de ses industries, et, tout en applaudissant à la bonne pensée
qu'ont eue la Commission suisse et plusieurs autres Commissions étrangères de mettre sous les yeux du public des collections précieuses et classées d'une manière parfaitement
méthodique, nous ne pouvons nous empêcher de nous rendre
l'organe du sentiment général en exprimant le regret que des
contrées, dans lesquelles les arts du moyen âge, de la renaissance et des deux siècles qui nous ont précédés ont occupé
une place importante, se soient tenues pour satisfaites de se
faire représenter à l'exposition de l'Histoire du Travail par ces
essais d'un premier âge.

L'étude des périodes dites antéhistoriques conduit chaque
jour la science à de précieuses découvertes, nous sommes tous
unanimes à le reconnaître, et nous devons remercier les nombreux collectionneurs qui nous ont mis à même de comparer

les premiers produits du travail humain dans l'ancien comme dans le nouveau monde ; mais les ouvrages des siècles qui les ont suivies ont un intérêt non moins incontestable, et si, au point de vue scientifique, leur mérite peut être moindre, ils ont du moins celui d'être fertiles en enseignements pour les arts et les industries de nos jours, et c'était là un titre plus que suffisant pour que leur place fût également marquée dans l'exposition de l'Histoire du Travail.

ROYAUME DE DANEMARK.

Les musées et les collections publiques du Danemark sont riches en œuvres d'art, en bijoux, en objets de toute nature du moyen âge et des temps plus rapprochés de nous; mais la Commission danoise, ainsi que nous l'apprend une note de M. Valdemar Schmidt, commissaire spécial de ce pays pour l'Histoire du Travail, effrayée par les conditions onéreuses du transport, et se souvenant que c'était sur son sol qu'avait pris naissance l'essor des périodes antéhistoriques, a cru devoir abandonner l'idée d'exposer la série complète des produits de ses arts et de ses industries nationales, en s'attachant principalement aux monuments des premières époques qu'elle a désignées sous les titres d'âge de la pierre éclatée, ou âge des Kioekkenmoeddings, âge de la pierre polie et âge du bronze, représentés par les objets extraits du musée royal de Copenhague, de la collection de M. Woorsaae, de la même ville, par ceux trouvés dans l'île d'Anholt et appartenant à M. Wichfeld d'Engestofte, ainsi que par des épées en bronze, des poignards, des haches, des anneaux et des colliers en même métal, des bracelets et des bagues d'or en forme de spirales, un vase d'or trouvé en Fionie, une trompe colossale en bronze, des aiguières, fibules, agrafes et boutons provenant des mêmes collections.

Les périodes indiquées sous le titre d'âge du fer s'étendent jusqu'au moyen âge et embrassent les produits du III° au

Xe siècle. Ce sont, aux IIIe et IVe siècles, des épées en fer, des bouterolles, des garnitures de boucliers, des pointes de piques montées en bois de hêtre, des arcs en bois, des umbos de boucliers en fer et en bronze; aux Ve et VIe siècles, des colliers et anneaux d'or; aux VIIe, VIIIe et IXe siècles, des épées à double tranchant, dont l'une avec inscription runique, des bracelets d'argent, des fibules de bronze et d'argent.

La période du moyen âge se distingue par des canons, dont l'un avec son affût a été trouvé sur la côte de l'île d'Anholt, et un métier à tisser en usage alors en Danemark et dont le modèle existe encore de nos jours dans les îles Feroë. Les fusils à mèches et à roues, les pistolets appartiennent aux XVIe et XVIIe siècles, et, parmi les pièces exposées qui sont empruntées au musée royal d'artillerie de Copenhague, nous trouvons un canon rayé à la date de 1750 et deux autres se chargeant par la culasse et portant les marques de 1761 et de 1769. Citons encore quelques belles épées dont plusieurs sont d'origine italienne et des livres imprimés en Danemark dans les années qui ont précédé et celles qui ont suivi la Réforme, livres qui proviennent de la collection du R. P. de Ryan, à Paris.

Le musée royal d'ethnographie de Copenhague a eu la bonne pensée d'envoyer en même temps quelques ustensiles groënlandais antérieurs à l'arrivée des Européens en 1721, et une collection d'objets usuels qui ont conservé de nos jours leur forme traditionnelle et primitive, des traîneaux avec leurs harnais pour sept chiens, des harpons, des lances et des flèches pour la pêche du phoque, du saumon et de la baleine, des filets et des lignes, des costumes nationaux, des vêtements de pêche et toute la série des outils et des modèles en usage au Groënland, qui forment un intéressant appendice à cette exposition et ont vivement excité la curiosité du public.

ROYAUME-UNI DE SUÈDE ET DE NORWÉGE.

L'armure équestre de Guillaume Ier s'élève au centre de la salle occupée par les produits de la Suède et de la Norwége, et autour d'elle viennent se grouper des monuments divers et des meubles parmi lesquels se fait remarquer le berceau de Charles XII, en bois sculpté et doré. Des trophées, des mousquets de toutes formes et de tous systèmes, des pièces d'artillerie, dont une à triple projectile, complètent cet ensemble qui présente un air de grandeur et un aspect pittoresque qui font honneur à la Commission suédoise ; les vitrines placées d'un côté de la salle sont consacrées aux objets de provenance suédoise, celles de l'autre côté sont occupées en partie par les produits norwégiens. Parmi les premiers, les époques désignées sous les titres d'âges de la pierre et du fer se trouvent représentées par une suite de pièces analogues à celles que nous avons déjà citées dans les autres contrées. On y remarque en outre de belles boucles en argent, des ouvrages d'orfévrerie, des plats et des vases en cuivre repoussé des XVIᵉ et XVIIᵉ siècles; une suite de livres imprimés à Stockholm de l'année 1510 à 1750 ; des ornements d'église et des vêtements sacerdotaux des XIIIᵉ, XIVᵉ et XVᵉ siècles; des broderies, des sandales du XIIIᵉ siècle attribuées à l'évêque Conrad Rogge, des chaussures de mariée du XVIIᵉ siècle, en cuir ouvragé et en soie brodée ; une suite de cadenas et de serrures en bois et en fer des mêmes époques ; de curieuses pièces d'orfévrerie parmi lesquelles figurent les grands gobelets de la corporation des tonneliers, appartenant au musée de Gothenburg et des vases conservés dans les trésors de plusieurs églises de la Suède ; puis enfin toute une collection d'anciennes faïences des dernières époques, de la fabrique de Marienberg, plats, écuelles, tasses, vases et figurines.

Un bahut de forme originale, et dont les faces et le couvercle sont ornés de ferrures découpées à jour et représentant des figures en costume du temps, appartient à l'église de Waxtooppe et s'ajoute à cet ensemble, avec une réunion d'outils, de vases et d'écuelles en bois décoré de peintures et servant à tous les usages domestiques.

Quelques spécimens de l'âge de la pierre et de celui que

dans le nord on nomme l'âge de fer occupent les vitrines de
la Norwége. Ce sont des ustensiles en silex, les coins, haches,
pointes de lance qui se retrouvent partout sous les mêmes
formes et dont nous avons déjà donné tant de fois l'énuméra-
tion ; des épées, des haches en fer, des umbos de bouclier,
des faucilles, des fibules en bronze et des boucles de harnais.
Le moyen âge est pauvre et n'est représenté que par quelques
cornes à boire qui paraissent remonter au XVᵉ siècle, par des
boucliers en bois garnis en fer, et par deux chambranles de
portes en bois sculpté provenant, l'un, de l'église de Flaa, dans
le Hallingdal, département de Buskerund, qui a été démolie
en 1854, l'autre, de celle de Sauland, dans le Thelemarken,
département de Bratsberg, détruite en 1860.

Des parures en argent, quelques armes, des harnais de cheval, des vases et des gobelets en argent, des calendriers en
bois, appartiennent aux XVIᵉ, XVIIᵉ et XVIIIᵉ siècles et complétent
la section norwégienne, avec le fac-simile d'un ancien métier
à tisser en usage encore au siècle dernier dans toute la contrée,
et dont l'emploi paraît remonter à une époque très-reculée.

EMPIRE RUSSE.

Les fouilles faites dans le gouvernement de Minsk, celles
de la Sibérie et du gouvernement de Vladimir ont amené la
découverte de nombreux instruments travaillés de main
d'homme et appartenant aux premières époques. Quelques-
uns de ces objets ont été exposés par la Commission russe
et empruntés à la galerie de M. A.-D. Oziersky,de Saint-
Pétersbourg, et à la collection Filimonov, du musée de Moscou.

Mais les œuvres du moyen âge russe et des siècles suivants,
les armes, les ouvrages d'orfévrerie et de bijouterie forment
une suite imposante et tout à fait digne d'un attentif examen.
Le palais des armures de Moscou, l'arsenal de Tzarskoe-Selo,
ont envoyé près de cinquante armes choisies dans leurs collections, des pièces de vaisselle précieuses, de beaux objets
en orfévrerie et en bijouterie émaillée ; l'Ermitage impérial

de Saint-Pétersbourg y a ajouté une suite d'anciennes monnaies en or et en argent ; S. A. I. la grande duchesse Alexandrine Petrovna a prêté une collection de croix pastorales en argent des xviᵉ et xviiᵉ siècles ; le musée public de Moscou, le comte Moussine Pouchkine, MM. Kotschoubey de Saint-Pétersbourg, André Sowkine de Moscou, ont en outre exposé d'intéressants objets appartenant aux diverses époques et d'origine nationale.

Parmi les armes envoyées par le palais des armures de Moscou, se présente au premier rang l'épieu du xvᵉ siècle, « du grand prince Boris Alexandrovitch de Tver », comme l'indique la légende gravée sur la douille ; puis viennent le poignard du prince André de Staritza, fils du grand duc Jean III, des haches d'armes, des pertuisanes, des sabres portant la date de leur fabrication au xviiᵉ siècle et le nom de l'armurier ; le carquois enrichi de pierreries et d'émaux sur or provenant du czar Michel Fedorovitch ; des fusils rayés, des carabines et des revolvers fabriqués à Moscou en 1626 et dans les années suivantes ; une belle cotte de mailles, également fabriquée à Moscou, de beaux brassards et des jambières de même provenance.

Dans les objets détachés de la collection de Tzarskoe-Selo, figurent une cotte de mailles avec sa calotte en fer damasquinée d'argent, du xviiᵉ siècle, de fabrique moscovite ; des épées du même temps montées en argent doré, enrichies de pierreries et de perles fines ; un fusil revolver à six coups, du xviiiᵉ siècle, de la fabrique de Toula ; plusieurs belles armes de chasse de la même provenance, puis des sabres damasquinés d'or de la manufacture de Zlatouste, offerts à l'empereur Alexandre Iᵉʳ et montés avec un grand luxe.

De nombreuses et riches pièces de vaisselle de table proviennent également, ainsi que nous l'avons dit, du palais des armures de Moscou : telles sont la grande coupe du prince Vladimir Davidovitch de Tchernigor, portant son inscription en lettres slaves et antérieures à 1151 ; celle du grand duc Si-

méon Ivanovitch, du XIVᵉ siècle ; des vases en or et en vermeil
des XVᵉ et XVIᵉ siècles, la plupart de provenance impériale ;
des tasses, des aiguières, des coupes, en métal précieux, du
XVIIᵉ siècle.

Nous voudrions pouvoir citer les ouvrages d'orfévrerie,
les bijoux, les bagues, les pendants d'oreille, les images pastorales, les croix de procession, les images de suspension
détachées de la collection Filimonov du musée de Moscou, les
peintures iconographiques tirées des collections de M. Soro-
kine ; mais le nombre en est grand, et nous devons nous borner
à un bref résumé d'ensemble. Il convient en outre de mentionner une collection de reproductions, de moulages et de copies
en plâtre des monuments de l'art byzantin et russe ainsi que
les copies des miniatures et manuscrits grecs et slavons qui
appartiennent au musée public de Moscou et à celui de l'école
technique Stroganof de la même ville et se rapportent à l'Histoire du Travail en Russie, depuis le Xᵉ jusqu'à la fin du XVIIIᵉ
siècle.

Ajoutons que la Commission russe a gracieusement offert
ces moulages et ces reproductions en plâtre au musée des
Thermes et de l'Hôtel de Cluny.

ROYAUME DES PAYS-BAS.

La salle affectée à l'exposition des Pays-Bas, quoique dou-
blée par suite de la regrettable abstention de la Belgique, est
encore trop petite pour contenir et présenter d'une manière
convenable les objets et les œuvres d'art et d'industrie de
toute nature envoyés par la Commission hollandaise. Peut-
être un choix plus rigoureux aurait-il simplifié le travail
de la Commission et aurait-il eu l'avantage de mettre en valeur
un certain nombre d'ouvrages remarquables en laissant de
côté bien des objets dont la présence n'était pas indispen-
sable. Le classement méthodique, par époques, fait complète-
ment défaut dans cette section, et la nature des œuvres, leur
matière, est le seul mode de classification observée.

L'ensemble est du reste d'un effet pittoresque par suite de
la diversité des objets aussi bien que du semblant de confusion qui a présidé à leur installation, et dans lequel on retrouve, après quelques instants d'examen, des ouvrages d'un
sérieux intérêt.

Ici, les premières époques font complétement défaut, et, en
dehors de quelques pièces des XIIIᵉ et XIVᵉ siècles, ivoires, en-
censoirs en bronze et aiguières à figures, la collection exposée
ne remonte pas au delà du XVᵉ siècle et se compose principalement d'ouvrages de la renaissance et des deux siècles
qui l'ont suivie. Une série de dix figures en bronze appartenant à la ville d'Amsterdam et attribuées aux dernières
années du XVᵉ siècle se fait tout spécialement remarquer par
l'élégance des formes et l'originalité des costumes ; ce sont
celles des comtes et des comtesses de Hollande qui étaient
placées sur les grilles du tribunal de l'ancien hôtel de ville
d'Amsterdam, avant l'incendie de 1652. Un beau lustre en
bronze, trouvé dans les fouilles faites en 1857, près de l'église
Saint-Jacques de la Haye, porte à son centre une figure de la
Vierge ; il date des derniers temps du moyen âge et appartient
à M. Six d'Amsterdam. La dalle tumulaire de Gisbert, fils de
Guillaume de Raet, et prêtre de l'église Saint-Jean, à Gouda,
date du commencement du XVIᵉ siècle et est la propriété de
M. van der Kellen. La sculpture est en outre représentée par
quelques albâtres des XVᵉ et XVIᵉ siècles, des figures et
des groupes en buis, parmi lesquels on distingue un combat
de cavalerie, œuvre de la fin du XVIIᵉ siècle envoyée par
M. Coster. La plupart des autres ouvrages analogues, des
ivoires, des bronzes, sont exposés par MM. Joseph Jitta, Six,
Enschedé de Haarlem, Schaspkens de Maestricht, Cuypers,
van der Bogaerden, Hermans, Belfort, van der Kellen, ainsi
que par le musée royal de la Haye, la ville d'Amsterdam,
celles de Francker et de Zwolle.

De nombreuses et intéressantes pièces d'orfévrerie ont été
empruntées à la ville d'Amsterdam, à celles de Haarlem, de

Rotterdam, d'Arnhem, de Groningue, de Nimègues, de Veere,
de Hoorn et de la Haye. La corne à boire, le sceptre et le collier de la confrérie de Saint-Sébastien pour le tir de l'arc, aux
armoiries de la ville d'Amsterdam et des confrères du tir, et
dont van der Helst a donné la reproduction dans son célèbre
tableau des chefs du conseil ; la corne de la confrérie de
Saint-Georges aux armes des arbalétriers, reproduite dans le
« repas de la garde civique d'Amsterdam » ; les colliers de la
même corporation; la corne et le collier du Tir de l'arquebuse,
au xvi⁵ siècle ; la corne de Saint-Hubert, du xvii⁵ siècle ; le
gobelet des brasseurs de Haarlem, sont autant de monuments
de l'histoire des Pays-Bas, et ils étaient bien de nature à
exciter la curiosité publique. Mais la Commission hollandaise
y a ajouté bon nombre de pièces d'une origine à peu près
analogue et qui sont des souvenirs non moins précieux pour
les traditions et les mœurs du royaume; tels sont les gobelets
des corporations ouvrières en bâtiments, ceux des marchands
de vin de la ville d'Arhnem, des forgerons de la même ville ; les
cornes à boire et les écussons des bateliers et des arquebusiers
de Nimègues ; les gobelets et écussons des pêcheurs de Scheve-
ningue, aux armes de la ville de la Haye ; les chaînes des corporations, les bâtons des huissiers des xvii⁵ et xviii⁵ siècles ; le
gobelet en vermeil offert à la ville de Veere par Maximilien
de Bourgogne en 1551 ; ce sont, en outre, des plats, des aiguières, des vases en argent doré, des pièces montées en forme
de navires, de moulins ; des coupes et des pots appartenant
aux mêmes époques et qui ont été extraits des collections de
S. A. I. le prince Frédéric des Pays-Bas, de la société royale
d'archéologie d'Amsterdam, de MM. van West, Willet et de
quelques-uns des collectionneurs dont nous avons déjà signalé
les noms, ainsi que de M. le baron de la Villestreux et de
madame la marquise de Grimaldi, de Paris.

Des horloges de bureau et des montres du xvi⁵ et du xvii⁵
siècle, ces dernières signées par Salomon Coster de Haarlem,
en 1674, et par J. Bramer d'Amsterdam, à la même époque ;

une collection de jouets d'enfant en argent, composée de
soixante pièces; des reliures de livres et d'almanachs, montées
en même métal, ont pris place dans les vitrines auprès des
ouvrages de grande orfévrerie ; dans le milieu de la salle
sont disposés quelques meubles parmi lesquels une armoire
du xvi⁰ siècle provenant du cloître de Saint-Agathe près
Bois-le-Duc, appartenant à M. van der Bogaerden, une autre
de la fin du xv⁰, au musée de la Société royale d'archéologie
d'Amsterdam, des chaises, des fauteuils, des tables, des bois
sculptés empruntés aux mêmes collections.

Les travaux en cuivre repoussé et estampé, les plats, les
chandeliers, les lampes, lanternes et réchauds, datent presque
tous du xvii⁰ siècle ; il en est de même des objets en fer, à
l'exception de plusieurs coffrets exécutés au xv⁰ et au xvi⁰
siècle et de nombreuses pièces de serrurerie, serrures,
heurtoirs, cadenas et clés, originaires des mêmes temps.

La faïence de Delft devait avoir sa place marquée d'avance
dans une exposition rétrospective de la Hollande. Cependant,
sauf deux ou trois petits vases apportés d'Amsterdam par
MM. Willet et van der Kellen, les Pays-Bas n'ont rien envoyé
en ce genre au palais du Champ-de-Mars, et c'est à une collection de Paris, celle de M. Demmin, que la Commission
hollandaise est redevable des échantillons qu'elle a pu
mettre sous les yeux du public; ce sont des plats, des
potiches, des assiettes, des plaques, des tasses, un violon et
des figurines, à décors polychromes ou à camaïeux bleus des
derniers siècles. Quant aux porcelaines, six spécimens seulement ont été envoyés par le musée de la Haye et représentent la manufacture de cette ville dans les dernières années du
xviii⁰ siècle.

Ce court exposé serait incomplet si nous n'indiquions pas, en
le terminant, plusieurs beaux livres d'heures manuscrits de la
fin du xv⁰ et du commencement du xvi⁰ siècle en langue
hollandaise et en latin, et parmi les premiers imprimés, le
speculum humanum de L. Coster, appartenant à la ville de

Haarlem, quelques livres d'armoiries et de costumes, des miniatures, et enfin les tapisseries de Jean de Maegt, exécutées à Middelbourg en 1593, appartenant au ministère de l'intérieur et
représentant la victoire de Lille en 1574, l'attaque de Zierikzee
en 1576 et la défaite des Espagnols devant Middelbourg le 10
octobre 1574 ; puis un plan de la ville de Rotterdam, gravé
par Romeyn de Hooghe, d'après les dessins de Jean de Von
en 1694, et un modèle de navire construit en Hollande sur
l'ordre du czar Pierre le Grand, à la fin du XVIᵉ siècle, et
conservé aujourd'hui dans les collections du ministère de la
marine des Pays-Bas.

ROYAUME D'ITALIE.

Nous parlions, en commençant, des difficultés qu'ont dû sur-
monter plusieurs des commissions étrangères pour répondre
à l'appel qui leur était adressé. S'il est un pays qui ait eu de
nombreuses oppositions à vaincre, et qui, malgré les embarras
de toute sorte, soit arrivé à un résultat parfaitement honorable, c'est assurément l'Italie. Ce résultat est dû à l'intelligente
activité, à la persistance du commissaire ordonnateur, M. Ales-
sandro Castellani, artiste habile autant que collectionneur
ardent, et au puissant et actif concours du chevalier Nigra,
ministre d'Italie et amateur passionné des œuvres du passé.
Ne pouvant parvenir à réunir au delà des Alpes les éléments
nécessaires pour constituer l'exposition du travail national,
le commissaire ordonnateur a pris le parti de s'adresser aux
propriétaires des galeries françaises les plus riches en ouvrages
de provenance italienne. Cet appel a été favorablement accueilli, et plusieurs de nos collectionneurs ont consenti à confier
de nombreuses et belles pièces dont la réunion à quelques
envois d'amateurs italiens, soucieux de la gloire de leur passé,
a fini par former un ensemble excellent et vraiment digne du
pays qu'il représente.

La Commission de l'Histoire du Travail comprenant du reste
par avance les difficultés que pourrait susciter le déplacement

des œuvres d'art conservées en Italie, avait, dès le principe, proposé tout son concours à la Commission italienne en lui demandant seulement l'envoi de quatre ou cinq des principaux monuments d'orfévrerie et de sculpture qu'elle désignait comme pouvant caractériser les diverses époques du travail ; le reste devait être emprunté aux collections particulières de Paris. L'Italie avait répondu par son abstention, et nous devons le regretter, en présence des trésors envoyés par la Roumanie, des collections splendides de l'Angleterre, de l'Autriche et du Portugal. On ne doit tenir que plus de compte à M. le chevalier Nigra des efforts qu'il a faits et des résultats qu'il a obtenus avec l'assistance de son actif auxiliaire, M. Castellani.

L'exposition de l'Histoire du Travail italien a été divisée en deux grandes séries : les temps antiques, puis le moyen âge, la renaissance et les siècles suivants.

Dans la première de ces sections, dont le Catalogue a été rédigé par un jeune archéologue bien digne de porter un nom célèbre dans la science, M. Henri de Longpérier fils, figurent naturellement les produits des époques primitives, les haches en silex, les poteries dont MM. Zucchi, Gentili, Gamurrini et Lapino-Lapini ont exposé plusieurs spécimens, ainsi que le R. P. Ighina, le musée de Naples et celui d'Imola ; nous y trouvons aussi les casques et les glaives en bronze de MM. Castellani et Pompeo Aria ; les pointes de lance et les haches de bronze ; le ceinturon étrusque en même métal envoyé par M. J. Gréau de Troyes ; les figurines, statuettes, bustes et masques, de travail étrusque ou d'origine romaine, en bronze ou en argent, empruntées aux collections de M. Gréau de Troyes, de la princesse Czartoriska, de MM. Charvet, Baur, Rollin et Feuardant, de Paris, de MM. Albites et Castellani ; les miroirs étrusques des mêmes collections ; les coupes, les bassins, les lampes en bronze et en argent, et les monnaies d'or et d'argent réunies par M. de Ponton d'Amécourt.

Des bagues en or, des pendants d'oreilles, une couronne

funéraire en même métal trouvés à Chiusi, ont été exposés par M. Giov. Paolozzi de cette ville ; une collection de bijoux des mêmes époques et dont chaque pièce mériterait une description spéciale a été apportée par M. Castellani. Les vases peints de provenance italo-grecque sont au nombre de soixante ; les uns trouvés à Capoue, les autres à Chiusi, à Nola, à Nocera, à Canusium, à Vulci et à Cumes, sont empruntés aux collections de MM. Dutuit de Rouen, Albert Barre, G. Dreyfus, Charvet, Rollin et Feuardent de Paris, à la princesse Czartoriska, à MM. Paolozzi et Castellani ; des terres cuites, des poteries romaines et des pièces de verrerie ont été réunies par les soins de M. Ch. Davillier, Carl Delange, Beurdeley et Schmidt.

Dans la seconde section, celle du moyen âge et des siècles qui l'ont suivi, nous trouvons, dans l'ordre de classement indiqué pour l'exposition italienne, des ouvrages en marbre, parmi lesquels un beau buste de Flora Diana Tenderini attribué au XVIIᵉ siècle, et qui a été exposé par M. Castellani ; quelques peintures et des miniatures sur vélin ; des monnaies d'or et des médaillons de bronze ou de plomb, œuvres du Pisan et de Matteo de' Pasti au XVᵉ siècle. Citons aussi les ouvrages analogues exécutés par les habiles artistes du siècle suivant et tirés, ainsi qu'une suite de groupes, de figures et de vases de bronze des XVIᵉ et XVIIᵉ siècles, des collections de MM. Labouchère, de Longpérier, Charvet, Albites, Alb. Barre, Dutuit, Davillier, Spitzer et de Liesville, et une paire de grands candélabres en même métal, appartenant à cette dernière époque, provenant de l'église Saint-Marc et rapportés par M. Beurdeley.

L'industrie céramique du XVᵉ et surtout celle du XVIᵉ siècle devaient être largement représentées dans l'exposition italienne, et les collections de MM. d'Yvon, Spitzer et Beurdeley, ainsi que celles de plusieurs amateurs parisiens y ont pourvu. Nous n'avons pas mission d'énumérer un à un tous ces beaux produits des faïenceries de Pesaro, d'Urbino, de Gubbio, de Faenza, Castel Durante, Deruta, Caffagiolo, La Fratta, Castelli, et tant d'autres qui ont été la gloire de l'art italien et qui font aujourd'hui l'admiration de tous, dans nos musées du Louvre et de Cluny, ainsi que dans nos collections particulières les plus importantes ; mais, parmi ceux qui sont exposés dans la section de l'Italie, nous ne pouvons omettre de mentionner un grand plat d'Apollon et des Muses, appartenant à la comtesse de Cambis et portant l'inscription : *Fatto in Urbino, in Bottega de M° Guido de Castel Durante, X.* ; un autre du commencement du xve siècle, représentant un personnage couronné et assis sur un trône, propriété de M. Beurdeley ; un troisième enfin de même époque et à reflets métalliques de la fabrique de Deruta et qui représente un combat de cavaliers, à madame la comtesse de Cambis, sans parler des beaux plats dit hispano-arabes, à reflets cuivrés, chargés d'animaux héraldiques, qui sont originaires du même temps et sortent de la collection de M. d'Yvon.

Dans les ouvrages du xvie siècle, nous pouvons signaler également les plats de Gubbio à reflets métalliques, dont l'un est signé : *M° Georgio* et représente le dévouement de Curtius ; ceux de Faenza et d'Urbino ; la grande buire de la même fabrique à la devise *Amicizia ;* le médaillon de *Lessandra Graciosa*, de la fabrique de Pesaro, détaché de la collection de M. d'Yvon ; le beau plat à sujet mythologique, signé : *Francesco d'Urbino, Deruta*, 1537, prêté par Mme la comtesse de Cambis ; celui de M. Beurdeley, signé : *Antonio Maria Anconelli*, de la fabrique de la Fratta ; les aiguières d'Urbino, à M. Spitzer, et les plats de Castelli, de M. Rivet.

MM. Spitzer et Beurdeley ont réuni, en outre, une suite d'ouvrages en cristal de roche et en matières dures, tels que vases, coupes, plateaux, lampes, reliquaires en cristal de roche, cuillères en jaspe et en sardonix, bustes en pierre dure, coffrets et camées, qui rappellent une des plus brillantes industries italiennes des xvie et xviie siècles, et forment une charmante exposition avec quelques pièces d'orfévrerie, des aiguières et des flambeaux en argent conservés par M. d'Yvon, des bijoux d'or émaillé, des camées de toutes les époques, exposés par M. Schmidt, un collier de médaillons en ivoire à M. Alloati, et des parures en bois de cèdre sculpté, travaillées à jour et montées, envoyées par M. de Saint-Albin et appartenant aux dernières années du XVIIIe siècle.

Quelques belles verreries, des coupes de Venise avec bas-reliefs, d'autres à filets de couleurs, des ampoules, des calices, des aiguières, proviennent également de la collection de M. Spitzer et donnent une idée suffisante de la fabrication des îles de Venise aux XVIe et XVIIe siècles. Parmi les porcelaines, les fabriques de Venise, celles de Turin, de Vinovo en Piémont, sont représentées par des gourdes, des tasses, des soupières et plateaux, ainsi que par quelques vases et des figurines envoyés par le Musée civique de Turin.

Citons en outre, dans les objets mobiliers, un coffre d'ivoire du XIIIe siècle, appartenant à M. Fau, de Paris, des coffrets de mariage en pâte sur fonds dorés, des cabinets en fer damasquiné du XVIe siècle, des coffrets, des écritoires, des cadres empruntés aux collections de M. Spitzer, de madame Jubinal, de M. Devers, et surtout la belle épinette en bois sculpté, couverte d'incrustations et d'applications de pierres dures et de lapis, cédée récemment par madame veuve Clapisson au Kensington Museum et portant l'inscription : *Annibalis de Roxis Mediolanensis,* 1577.

Les armes, qui sont la propriété de M. Spitzer, sont au nombre de vingt à peu près, mais toutes sont parfaitement choisies, et si elles ne suffisent pas à tenir la place d'une industrie aussi importante et aussi illustre en Italie dans les siècles du moyen âge et de la renaissance, elles peuvent du moins en donner une idée sommaire. Deux beaux casques en fer repoussé et damasquiné, deux autres, dont le premier figure une tête chimérique et le second est orné d'arabesques d'or, un devant et un dos de cuirasse en fer repoussé et doré, un bouclier rond exécuté par les mêmes procédés et représentant l'épisode d'Horatius Coclès, des masses d'armes, une langue

de bœuf rehaussée d'or, se font remarquer comme les pièces
les plus importantes de cette série, avec des épées à coquilles
repercées à jour, et des carabines à canon ciselé et damasquiné d'or et à crosse incrustée d'ivoire.

Quelques tapisseries décorent les murs; mais la plupart ont
été exécutées dans les Flandres. Il n'en est pas de même des
dentelles des XVIe et XVIIe siècles, confiées par madame Jubinal,
par MM. Spitzer et Peters, des échantillons de soieries de la
manufacture de Lucques au XVIIIe siècle, envoyés par M. Sar-
dini, et d'une tenture italienne que possède M. Oulmann, et
qui est décorée de broderies de soies de couleurs et d'or en
hauts reliefs sur fond de soie blanche, ouvrage de la fin
du XVIIe siècle, qui se compose d'un nombre considérable
de pièces, rideaux, garnitures de lits, canapés et chaises, d'une
étonnante conservation et dont quelques fragments seulement
ont pu trouver place dans une salle trop exiguë pour les
richesses qu'elle devait renfermer.

ÉTATS-PONTIFICAUX.

Nous n'avons que bien peu de chose à dire de l'exposition
des États-Pontificaux, dans laquelle nous trouvons des peintures dont la place n'est pas dans la section de l'Histoire du
Travail, quelques débris des premiers âges du Latium, des monnaies d'or, d'argent et de bronze des empereurs romains,
empruntés aux collections de M. Lemaître et du vicomte de
Ponton d'Amécourt.

Dans la même salle, dont le vide est d'autant plus regrettable que les pays voisins se trouvent à court d'espace, sont
disposées des colonnes de marbre blanc incrusté de mosaïques,
un beau christ en bronze de la fin du XVe siècle, et enfin un
meuble de l'époque maniérée, rehaussé de sculptures, de peintures et de dorures et appartenant à madame la duchesse Co-
lonna, comtesse de Castiglione, l'auteur des beaux bustes en
marbre qui ont leur place dans la galerie des Beaux-Arts.

PRINCIPAUTÉS ROUMAINES.

Le trésor de Petrossa, l'un des plus beaux fleurons de l'exposition de l'Histoire du Travail, apporté par le gouvernement de Roumanie, est une des découvertes les plus précieuses faites par l'archéologie dans ces derniers temps, et nous ne saurions ici nous rendre trop hautement l'interprète de la reconnaissance de la Commission de l'Histoire du Travail, des représentants de la science et du public lui-même, pour remercier le Comité des Principautés Roumaines, qui n'a pas craint de transporter un trésor aussi précieux par sa valeur intrinsèque que par l'époque à laquelle il se rattache, et qui a bien voulu, en prenant lui-même la généreuse initiative, l'exposer dans le palais du Champ-de-Mars.

Ce trésor, qui rappelle à tant de titres celui de Guarrazar que possède le musée de Cluny, a été découvert en 1837 sur la montagne d'Istrîtza, dans la commune de Petrossa, du district de Buzeo, en Roumanie. Comme celui de Guarrazar, sa découverte est due à un simple caprice du hasard, et ce sont des paysans qui l'ont mis au jour. Il était, paraît-il, à cette époque, composé de vingt-deux pièces en or massif, dont plusieurs rehaussées de grenats, de pierres fines et de verreries; malheureusement, comme il arrive presque toujours en pareil cas, plusieurs de ces pièces ont été détournées, brisées et fondues; douze seulement restent aujourd'hui et toutes sont en or massif; quelques-unes sont repercées à jour avec des cloisons en or réservées dans la masse pour maintenir les pierreries et les grenats qui les décorent. Le travail, dit la Commission roumaine dans la note qu'elle a jointe à son exposition, peut en être attribué aux Goths primitifs de la Dacie, vers le vie siècle, et se ressent de l'influence byzantine. Il y aurait beaucoup à dire à ce sujet, bien des comparaisons à établir avec les monuments analogues conservés dans nos musées et nos trésors, et parmi lesquels les cou-

ronnes des rois goths, retrouvées à la fuente de Guarrazar, près
de Tolède, et acquises par le musée des Thermes et de l'Hôtel
de Cluny, sont les ouvrages qui offrent peut-être le plus de
similitude dans l'exécution avec le trésor de Pétrossa; mais ce
n'est pas ici la place de ces études et de ces comparaisons, et
nous devons nous borner à signaler l'intérêt qui s'attache à de
pareils monuments, qui parlent d'eux-mêmes, du reste, comme
on dit vulgairement, et pour lesquels le public, aussi bien
que les érudits, ne manquent pas de témoigner une admiration justement méritée.

Ce trésor, nous venons de le dire, se compose aujourd'hui
de douze pièces. La Commission roumaine a fait faire pour
les exposer une vitrine mécanique, fort bien agencée sans
doute, dont le principal avantage est de rentrer en elle-même
la nuit et de ravir aux indiscrets la possibilité de faire main
basse sur ces ouvrages d'or massif dont le poids dépasse
17 kilogrammes, mais dont l'inconvénient est de les exposer
trop haut pour un examen sérieux, inconvénient grave, qui nous
fait regretter le meuble à hauteur d'appui qui les renfermait
dans le principe, mais qui n'avait peut-être pas l'avantage tout
spécial qui distingue la vitrine actuelle.

Nous y trouvons d'abord, en suivant l'ordre dans lequel
ces objets précieux sont présentés, un grand plat ou disque à
bords relevés en or massif, qui a été coupé et divisé en quatre
pièces à l'aide de cisailles. Ce plat, de dimensions importantes,
tenait trop de place pour être facilement dissimulé et de là
sans doute la mutilation dont il a été l'objet, mutilation faite
assez habilement, du reste, pour que les fragments brisés
aient pu se rapprocher de manière à rendre au disque sa
forme primitive, interrompue seulement par de légères sutures.

La grande patère qui accompagne ce plat est, comme lui, en
or massif; les figures qui en décorent le fond sont en or
repoussé dans la masse et ciselées après coup; l'umbo est formé
par une statuette de femme assise, en même métal. Viennent
après, toujours dans l'ordre du classement, une aiguière

en or plein, une corbeille à deux anses qui sont figurées par des léopards en même métal, et que décorent des verreries et des grenats disposés à jour entre les cloisons réservées dans la masse ; une autre corbeille à douze faces et sans anses ; un grand anneau à fermoir, dit *armilla*, portant une inscription ; un autre de forme analogue ; une fibule de taille colossale, en forme d'aigle, décorée de pierres disposées à jour par un cloisonnage réservé dans la masse ; deux autres fibules dans les mêmes conditions, et qui paraissent affecter la forme de l'ibis ; une autre de dimensions moins importantes, toujours en or massif ; puis enfin un collier d'or, dont les cloisons donnent asile à des verreries et à des pierres analogues aux précédentes, et des fragments en or, rehaussés de verreries et de grenats, et dépendant des pièces qui n'ont pu être conservées. Tel est le trésor de Pétrossa, tel qu'il est exposé dans le section roumaine, avec des débris de poteries, d'ossements, d'instruments en os et en métal, retrouvés en 1866 dans les fouilles faites au même lieu ; mais l'exposition des Principautés ne se borne pas à ces précieux monuments, et les couvents de Bistritza, de Chaldarachani, d'Ardgèche, de Cotrotcheni, de Horez, le musée d'antiquités de Bucharest, ont envoyé des pièces d'orfévrerie des XVIe et XVIIe siècles, des croix en bois montées en or émaillé, des crosses d'évêque ; le major Pappazoglu, M. Odobesco, madame la baronne de Ruckmann ont exposé des objets antiques provenant des tombeaux romains fouillés dans la petite Valachie, des bijoux trouvés dans les sépultures anciennes des couvents roumains, un vase grec en terre cuite, découvert dans les mines de Tziglina, près Galatzi, et enfin des camées et pierres gravées antiques.

Un magnifique panneau de broderie, représentant une Vierge au tombeau, relevé d'or et de soie, et attribué aux dernières années du XIVe siècle, ainsi qu'une belle chasuble de la même époque, appartiennent au couvent de Cozia ; celui de Govora et ceux que nous venons de citer plus haut ont également exposé quelques fragments de vêtements sacerdotaux brodés d'or et de soie, dont la fabrication remonte aux xvie et xviie siècles, en même temps que des Psautiers, des Évangiles slavons, et des Bibles imprimées à Bucharest.

De toutes les nations qui ont pris part à l'exposition internationale de l'Histoire du Travail, il en est peu dont le succès
ait dépassé celui qu'a obtenu la section portugaise ; ce succès,
dû à la magnificence de quelques-unes des œuvres exposées et
à leur bon classement, peut être aussi, à juste titre, attribué
pour une bonne part aux efforts poursuivis par la Commission
royale, encouragée et soutenue par l'initiative personnelle
d'un souverain ami des arts, grand collectionneur lui-même, et
qui n'a pas hésité, pour les envoyer aux galeries du Champ-
de-Mars, à déplacer les monuments précieux qu'il possède et
qui rappellent la splendeur des arts dans son pays pendant
les siècles qui nous ont précédés.

La salle réservée au Portugal était malheureusement de
proportions bien exiguës ; la Commission en a tiré un parti
excellent, et ses vitrines ont été disposées de manière à faire
apprécier par le public comme ils le méritent les beaux produits qu'elles renferment.

C'est à l'industrie des orfévres portugais des xvie et xvii^e
siècles qu'appartiennent les monuments les plus justement
estimés de cette exposition ; et, en première ligne, nous n'hési-
tons pas à placer le célèbre ostensoir exécuté à Lisbonne
par ordre du roi dom Manuel Ier avec l'or rapporté par Vasco
de Gama, somptueux monument d'orfévrerie en or fin,
et dont la partie principale est entourée des figures des douze
apôtres en ronde bosse, émaillées en couleurs.

Ce précieux ouvrage d'art, exécuté par Gil Vicente pour le
monastère de Belem, dans le courant du xvie siècle, et dont la
provenance est indiquée par l'inscription portugaise émaillée en
blanc sur la frise qui contourne sa base, est un chef-d'œuvre

de richesse de matière, d'habileté d'exécution, de délicatesse de travail, et ne mesure pas moins de quatre-vingt-quatre centimètres de hauteur. C'est par ordre du roi dom Luiz Ier qu'il a été apporté à Paris pour être exposé avec les produits du XVIe siècle originaires du Portugal.

Parmi les œuvres en métal précieux remontant aux époques qui précèdent, se trouvent un collier et des bagues en or de style romain, découverts dans les fouilles de Troia, près de Sétubal, et appartenant à la Société archéologique portugaise ; une belle anse de vase en argent, de même époque, envoyée par M. le marquis de Souza ; une grande croix latine en or, relevée de rubis, de saphirs et de perles fines, et portant une inscription qui en fixe l'origine à l'année 1212, exposée également par ordre du roi dom Luiz ; deux calices en argent doré, du XIIIe et du XIVe siècle, conservés aujourd'hui dans la galerie de l'Académie des Beaux-Arts de Lisbonne, et dont le premier a été fait par ordre de la reine dona Dulce, femme de dom Sanche Ier, comme l'indique la légende gravée sur la face intérieure. Il faut citer aussi une paix de la fin du XVe siècle, couverte de figures, et un coffre en argent doré de la même époque, également exposés par l'Académie royale, ainsi que deux coupes d'une grande richesse en même métal, appartenant, l'une au XVe, l'autre au XVIe siècle, et faisant partie de la vaisselle de S. M. le roi dom Luiz ; la première est aux armes de Portugal, chargée de bas-reliefs à figures, de sujets de chasse ; la seconde représente, en figures de haut relief, le triomphe d'Alexandre, et porte l'écusson de la famille Alcoforado.

D'autres coupes en argent doré, décorées de figures, des plateaux, des aiguières exécutées au XVIIe siècle, font également partie des envois de S. M. le Roi ; l'Académie des Beaux-Arts s'est dessaisie de plusieurs pièces non moins précieuses du même temps, et la cathédrale de Lisbonne n'a pas hésité à prêter ses croix, ses calices, ses vases sacrés des XVIIe et XVIIIe siècles.

Nous voudrions pouvoir décrire ici tous les objets intéressants pour l'histoire de l'art qui sont exposés dans la section portugaise, énumérer tous les ouvrages en bronze dont les premiers remontent à l'ère romaine, les pièces d'artillerie ou d'arquebuscrie des XVIe, XVIIe et XVIIIe siècles, appartenant à l'arsenal de l'armée et à S. M. le Roi, les poids de la municipalité de Lisbonne, les bustes antiques en pierre conservés à la bibliothèque d'Evora, les bas-reliefs en pierre et marbre des mêmes époques, les meubles des deux derniers siècles, envoyés par M. Palha de Lacerda et par madame de Gérando, les selles et les équipements de chevaux du même temps, exposés par la maison du roi ; mais la Commission portugaise, présidée par l'honorable comte d'Avila, vient de publier un excellent catalogue détaillé, rédigé avec grand soin par M. Teixeira de Aragao, et nous ne pouvons mieux faire que de renvoyer le lecteur à ce consciencieux travail. Nous ne pouvons omettre cependant, avant de terminer cette courte revue de la section portugaise, de signaler les lampes sépulcrales et le verre antique de la Société archéologique de Lisbonne et du marquis de Souza, les carreaux de faïence du XVIe siècle, aux armes de la maison de Bragance, qui proviennent du palais de Villa Viçosa, les faïences des fabriques de Porto, de Rato et de Calvas, des dernières périodes, empruntées aux collections du comte de Penafiel, du baron d'Alcochete, de l'Académie des Beaux-Arts et du marquis de Souza.

Indiquons encore les beaux ornements d'église de Sainte-Marie-de-Bélem, avec leurs broderies en relief relevées d'or, du XVIe siècle ; ceux de Notre-Dame-de-Luz ; les chasubles du XVIIIe siècle de la cathédrale de Lisbonne, et les spécimens des soieries et des velours tissés dans la fabrique de Rato, fondée par le marquis de Pombal dans le courant du dernier siècle.

Les livres manuscrits envoyés par l'Administration des archives du royaume et par la Bibliothèque nationale de Lisbonne, les imprimés des XVe, XVIe, XVIIe et XVIIIe siècles, empruntés aux collections du même établissement, forment une

importante série qui ne comprend pas moins de deux cent
quatre-vingts ouvrages de choix ; nous devons renvoyer, pour
ce qui les concerne, à la nomenclature établie par la Commission portugaise, comme nous le faisons pour la description de
la série des pièces de monnaie, au nombre de quinze cent qua-
rante-six, ayant eu cours dans le Portugal et dans ses posses-
sions étrangères depuis les temps les plus reculés jusqu'à
l'époque actuelle, et qui font partie de la collection numisma-
tique du roi dom Luiz Ier, gracieusement mise, avec toutes les
autres richesses de sa couronne, à la disposition de la Commission portugaise.

RÉPUBLIQUES DE L'AMÉRIQUE CENTRALE ET MÉRIDIONALE.

Nous n'avons que peu de mots à dire des objets envoyés
par ces républiques, et qui ont été classés hors de la section
réservée à l'Histoire du Travail.

La Bolivie présente des poteries indiennes retrouvées dans
des sépultures, des outils en bois de palmier, des hachettes
en cuivre, les instruments de musique et les ustensiles de
toilette des Indiens chiriguanos.

La république de l'Équateur expose des haches en pierre,
des idoles, des sifflets en terre cuite et des têtes de même
matière, découverts sur les bords de la rivière de Porto Viejo ;
des boucliers en cuivre trouvés dans les mêmes contrées ; des
vases en terre cuite et des grains de colliers recueillis près du
village Naranjal ; puis quelques objets d'origine et de fabrication indiennes : carquois, calebasses, colliers et ceintures, le
tout appartenant à M. J. Bourcier, de Paris.

Les envois du Nicaragua et ceux du Paraguay sont insigni-
fiants.

La république de San-Salvador a exposé un vase de terre
cuite d'origine très-ancienne, et dans lequel se trouvaient des
objets en or, une tête en terre cuite et des *nucleus* en obsi-
dienne, sur lesquels se détachent des lames de couteaux et des

pointes de flèches ; ces objets appartiennent à MM. Ojeda,
Bouineau et au gouvernement de la république.

Les envois du Venezuela, qui sont la propriété de M. Charles Thirion, de Paris, consistent en une urne cinéraire en terre
cuite avec couvercle surmonté d'un animal chimérique, enlevée
dans une caverne sur les bords de l'Orénoque, et en une collection d'instruments et d'ustensiles à l'usage des Indiens du
Rio Negro. D'autres objets proviennent de la Nouvelle-Gre-
nade, et ont été recueillis par M. Triana, de Paris ; ce sont
des bijoux en or, des idoles entourées de fils du même
métal, et quelques souvenirs des tribus indiennes.

COLONIES FRANÇAISES.

La place des colonies françaises dans l'exposition de l'Histoire du Travail était toute indiquée à la suite de la mère-
patrie ; mais les quelques antiquités exposées par la Guadeloupe, la Guyane et l'Inde françaises, la Nouvelle-Calédonie
et le gouvernement de Taïti, sont si peu nombreuses, qu'elles
ont été classées par les Commissions coloniales parmi les produits des industries modernes, en dehors des espaces réservés
à l'Histoire du Travail. Il importe cependant de citer les envois
d'idoles, d'armes, d'ustensiles et de vases de pierre faits pour
la Guadeloupe par MM. Schramm et Rollin, ainsi que par
M. Grellet-Balguerie ; la collection des statues en bronze provenant des ruines des pagodes, exposées avec les produits de
l'Inde par M. Lamairesse ; les armes en pierre de la Nouvelle-Calédonie, et celles de Taïti, conservées par MM. Tauïr-
na, Deplanche, Vieillard et Pannetrat.

PAYS DIVERS.

Quelques contrées, parmi lesquelles nous citerons la régence
de Tunis, la Turquie, la Chine et le Japon, ainsi que plusieurs
colonies étrangères, auraient pu également trouver place, dans
les portions des galeries de l'Histoire du Travail qui leur étaient

réservées, pour les ouvrages des temps anciens, fort peu nombreux du reste, envoyés par elles à l'Exposition du Champ-de-
Mars ; mais les commissaires chargés de leur installation ont
cru devoir mélanger les monuments du passé avec les produits
des industries modernes ; de là une confusion regrettable à tous
les points de vue, et surtout en ce que ce mélange de produits
appartenant à diverses époques fausse nécessairement l'appréciation du public sur l'état actuel des industries dans le pays.
Il était en outre difficile pour les visiteurs d'aller retrouver ces
quelques souvenirs d'un autre temps dans toutes les parties du
palais et des jardins du Champ-de-Mars ; la similitude que la
plupart d'entre eux présentent avec les travaux des industries
modernes dans les mêmes lieux enlevait, du reste, tout l'intérêt
d'une pareille recherche.

Nous ne saurions cependant passer sous silence les quelques
inscriptions et les fragments de bas-reliefs exposés au nom de
l'Empire ottoman, ainsi que les briques émaillées de l'Asie-
Mineure, rapportées par M. Parvillée. Il faut signaler aussi les
vases de bronze, les miroirs métalliques, les armes, les pièces
de porcelaine appartenant aux diverses dynasties, recueillis par
M. le marquis d'Hervey de Saint-Denys, et placés soit dans la
section de l'Empire chinois, soit dans les kiosques du Parc, avec
quelques émaux appartenant au baron de Boissieux, à M. E.
Taigny, d'anciennes éditions empruntées à M. Pauthier, et des
bijoux provenant des collections du Palais d'été, à MM. d'Hen-
decourt et Constant Bocquet.

Indépendamment de plusieurs fragments de bas-reliefs provenant des temples indous qui figurent dans la section du
Royaume-Uni, les Colonies anglaises ont exposé des collections d'ustensiles et d'objets anciens à l'usage des tribus
indiennes, et qui présentent une grande analogie avec ceux
que nous trouvons dans la Nouvelle-Calédonie, dans la Guyane
et l'Inde françaises. L'Australie, Victoria, Queensland, Lagos,
la Nouvelle-Galles du Sud, l'Afrique et la Guyane anglaises,
les Missions évangéliques protestantes, présentent des séries

de haches en pierre, d'armes indigènes, de fragments de costumes et d'ustensiles de toute sorte, appartenant à des
époques indéterminées, mais indiquant des mœurs et des
usages étrangers à toute civilisation européenne.

Quant à la régence de Tunis, c'est également en dehors de
la galerie de l'Histoire du Travail qu'il faut rechercher ses envois, qui, hâtons-nous de le dire, forment un ensemble tout à
fait intéressant en raison de leur provenance et de l'époque à
laquelle ils se rattachent. La plupart des monuments exposés
proviennent des fouilles exécutées à Carthage par les soins de
Sidi Mohammed, fils du premier ministre du bey. La collection comprend un grand nombre d'objets précieux, parmi lesquels des inscriptions phéniciennes carthaginoises, classées et
mises en ordre par notre savant collègue M. de Longpérier;
elle présente en outre des statuettes, des cuves baptismales,
des stèles, des fragments de sculpture en marbre blanc et en
pierre calcaire, des inscriptions latines, des mosaïques trouvées à Hadrumète et à Carthage, ainsi que des monnaies d'or,
d'argent et de bronze, des bijoux, bracelets et colliers, des amphores, des coupes, et enfin des lampes à figures, dont quelques-unes appartiennent à l'ère chrétienne.

VICE-ROYAUTÉ D'ÉGYPTE.

Les collections du musée de Boulaq, dont une partie a été
apportée au Champ-de-Mars, et occupe, dans la section
égyptienne du parc une construction imitée du temple de
Philœ dans la Haute-Égypte, constituent, grâce aux soins de
M. Mariette, leur savant ordonnateur, un ensemble d'un grave
intérêt et dont l'appréciation détaillée ne saurait trouver sa
place dans un aperçu aussi sommaire que celui qui nous est
imposé; les ouvrages de ces époques, quand ils atteignent le
degré de perfection que l'on reconnaît dans les bijoux retrouvés parmi les ruines de Thèbes, exigent une sérieuse analyse;
la plupart ont déjà fait l'objet de l'admiration publique à

Londres, en 1862; bornons-nous, en conséquence, à signaler quelques-unes de ces œuvres qui nous ont paru faire la plus vive impression sur le public admis à les visiter, en renvoyant le lecteur aux excellents travaux de M. Mariette, dont le goût parfait a présidé à l'installation de ces collections et à l'édification d'un monument qui réunissait les grands styles qui caractérisent l'art égyptien depuis la fondation de la monarchie jusqu'à sa chute, monument dont l'existence aura été malheureusement bien éphémère, et qui restera dans la mémoire de tous ceux qui l'ont visité comme un des souvenirs les plus regrettés de l'Exposition universelle de 1867.

Quelque temps encore, et le temple de Philœ, la porte d'entrée triomphale qui lui donne accès, la grande allée de sphinx qui, de cette dernière, conduit à l'entrée du temple, seront livrés aux démolisseurs comme les caravansérails, les palais du vice-roi et du sultan bâtis au Champ-de-Mars ; et de toute cette splendeur passagère, il ne restera que le souvenir, qui, lui-même, est un précieux enseignement. Les collections seules survivent aux ruines et sont là pour témoigner de la gloire du passé, pour servir à l'éducation du présent.

Celles du musée de Boulaq sont représentées par quelques statues en basalte et en pierre calcaire des premières dynasties, des monuments en albâtre et en serpentine des XVᵉ et XVIᵉ dynasties, des caisses de momies des périodes suivantes, la collection des bijoux trouvés à Thèbes, à San, à Abydos, des statuettes en porcelaine et en bronze du Sérapéum de Memphis, des stèles et des monuments votifs en bronze, en granit noir, en albâtre, et enfin par des vases en matières diverses, ornés de légendes et d'attributs, et des figurines de bronze et de porcelaine.

Parmi les statues, il en est une d'une matière bien commune, mais qui, par son style, la simplicité de la forme, le naturel de la pose, a été l'objet de l'attention générale : c'est celle d'un personnage debout, à laquelle la notice de M. Mariette attribue une origine de 6,000 ans antérieure

à notre ère. La tête est d'une expression remarquable, et le
geste affecte une simplicité de mouvement peu commune. Il
paraît que, dans son état primitif, cette figure aurait été revêtue
d'une sorte de stuc en couleur; nous ne savons ce qu'elle
pouvait gagner ou perdre à ce travestissement, qui avait pour
cause, sans doute, le besoin de dissimuler les veines et les
fibres du bois; mais nous pouvons constater que dans son état
actuel, c'est un vrai chef-d'œuvre de l'art, dont l'étude ne doit
pas être perdue pour la sculpture moderne.

Les autres statues, en dehors de l'intérêt qui s'attache à
leur antiquité et à la comparaison des produits pendant la
succession des diverses dynasties, se distinguent toutes par
une grandeur et une élévation de style qu'on ne peut se lasser
d'admirer; il est des groupes dans lesquels l'artiste a déve-
loppé une grâce et un charme indéfinissables, tels que ceux des
femmes accroupies qui sont placés près de la porte.

La collection des bijoux est, de tous les trésors d'art renfermés dans la réduction du temple de Philœ, celle qui touche
de plus près aux besoins de l'industrie moderne, et nous ne
saurions trop engager nos orfévres et nos bijoutiers à profiter
des nombreux enseignements qu'ils y trouvent, des exemples
précieux qu'elle leur donne. Les bracelets d'or, avec leurs
gravures sur fond de verre; ceux rehaussés de lapis, de perles
d'or et de pierres de couleur, ou figurés par des oiseaux; les
colliers d'or avec incrustations de pâtes; ceux en or repoussé,
décorés de fleurs et d'animaux; les anneaux et les chaînettes
en fil d'or tressé; le magnifique pectoral d'or enrichi de pierres
dures, de figures et d'oiseaux découpés à jour, sont autant
de merveilles d'un prix inestimable, mis pendant sept mois
à la portée de tous, et dont il serait vraiment regrettable que
nos habiles fabricants, qui ont su si bien mettre à profit les
précieux bijoux de la collection Campana, négligeassent de tirer
parti dans leur application à la parure moderne. Renoncer à
ces œuvres banales et sans caractère, dont la mode proscrit
l'usage presque aussitôt qu'elle les crée, les remplacer par des

ouvrages d'un ordre élevé, dans lesquels le style, la forme, l'art en un mot se révèlent jusque dans les moindres détails d'exécution, telle doit être, à notre sens, la constante préoccupation de l'orfévrerie et de la bijouterie françaises de nos jours. Ces industries, les seules peut-être qui aient le précieux privilége de ne s'adresser qu'au luxe, et pour lesquelles les frais de main-d'œuvre ne sont pas, par ce fait même, restreints dans les limites imposées partout ailleurs, ont le devoir, au temps où nous sommes, de s'assurer la première place qu'elles ont déjà conquise; d'immenses progrès ont été faits, nous faisons des vœux sincères pour qu'ils se poursuivent sans relâche, et nous croyons que personne ne nous contredira, quand nous affirmons que l'étude des œuvres du passé sera pour elles, et pour bien d'autres, un utile et puissant auxiliaire pour les diriger d'une manière sûre dans la voie qui leur est assignée d'avance.

Mais notre tâche s'arrête ici, et avant de terminer ce rapport, dans lequel nous n'avons pu donner qu'une idée bien imparfaite des richesses amoncelées au Champ-de-Mars, dans les galeries de l'Histoire du Travail en France comme à l'étranger, et où nous n'avons fait qu'effleurer du doigt les enseignements que les industriels de nos jours pouvaient tirer de leur examen et de leur étude, rendons un nouvel et sincère hommage aux efforts faits par les Commissions étrangères pour représenter dignement les arts et les industries de leurs pays pendant les siècles qui nous ont précédés, et au zèle avec lequel elles ont bien voulu concourir à l'œuvre commune.

Ces efforts n'ont pas été vains, et le succès obtenu a dépassé, nous devons l'avouer, les espérances de la Commission française. Nous pensons donc que les gouvernements et les collectionneurs de tous pays ne regretteront pas de s'y être associés et d'avoir contribué, chacun pour sa part, à assurer la réussite de l'*exposition de l'Histoire du Travail*, de cette exposition que, dans une de ses récentes études sur le palais du Champ-de-Mars, le journal anglais le *Times*, qu'on ne peut, en pareil cas surtout, accuser de partialité, déclarait être *the triumph of the universal Exhibition*, éloge bien pompeux, sans doute, mais que nous ne saurions répudier, puisqu'il revient de droit et pour une large part à la Commission impériale, à laquelle en appartient l'idée première, et qui a largement pourvu à tous les moyens d'action nécessaires pour nous permettre d'en assurer la complète exécution.

Paris.-Imp. PAUL DUPONT, 45, rue de Grenelle-Saint-Honoré.

www.ingramcontent.com/pod-product-compliance
Lightning Source LLC
Chambersburg PA
CBHW071229290326
41931CB00037B/2481